《问佛》

问佛：为何一生努力，却仍平庸？
佛说：选择大于努力。
问佛：如何选择？
佛说：回到初心。
问佛：如何回到初心？
佛说：你是谁？你从哪里来？你到哪里去？

人生最后悔的三大遗憾：不会选择； 不坚持选择； 不断地选择。
成功与失败之间，在于选择；命运不是机遇，而是选择。
企业如人，不在选择中失败，就在选择中成功。

我们该如何选择？

回到初心 / 做好起点 / 找准支点 / 赢在拐点 / 胜在顶点

一个企业运作的系统逻辑框架图

PLUS LAW®

加法國際

第一排左起：余艾芳 / 林　俊 / 邵开俊 / 李　立 / 潘　菁

第二排左起：陆　军 / 梁力强 / 王占龙 / 何瑞笙

第三排左起：朱中哗 / 张　浩 / 苏建鸿 / 宋佳秋

点

经营企业必备的第一堂课

主　编◎邵开俊　李　立　林　俊
副主编◎余艾芳　潘　菁

中国财富出版社

图书在版编目（CIP）数据

起点／邵开俊，李立，林俊主编．—北京：中国财富出版社，2017.7
ISBN 978－7－5047－6553－6

Ⅰ.①起…　Ⅱ.①邵…　②李…　③林…　Ⅲ.①企业管理　Ⅳ.①F272

中国版本图书馆 CIP 数据核字（2017）第 176665 号

策划编辑　谢晓绚　　**责任编辑**　张冬梅　俞　然
责任印制　方朋远　　**责任校对**　胡世勋　张营营　　**责任发行**　董　倩

出版发行　中国财富出版社
社　　址　北京市丰台区南四环西路 188 号 5 区20 楼　　**邮政编码**　100070
电　　话　010－52227588 转 2048/2028（发行部）　010－52227588 转 307（总编室）
010－68589540（读者服务部）　010－52227588 转 305（质检部）
网　　址　http://www.cfpress.com.cn
经　　销　新华书店
印　　刷　北京京都六环印刷厂
书　　号　ISBN 978－7－5047－6553－6/F・2793
开　　本　710mm×1000mm　1/16　　**版　　次**　2017 年 8 月第 1 版
印　　张　13.75　**彩　插**　2　　**印　　次**　2017 年 8 月第 1 次印刷
字　　数　190 千字　　**定　　价**　38.00 元

编 委 会

主　编：

邵开俊　李　立　林　俊

副主编：

佘艾芳　潘　菁

编　委：

陆　军　王占龙　梁力强　何瑞笙

朱中哗　张　浩　宋佳秋　苏建鸿

序言

小人物，大梦想

由于职业的原因，在过往工作的过程中，我们接触了无数的企业家。作为第三方专业咨询机构，在为企业服务时，我们发现了在企业经营管理时的致命要点。

纵览当今大环境，随着中国融入国际社会的发展越来越成熟，我们发现市场的变化速度正在逐年加快，客户的需求越来越难以琢磨。中国市场由计划经济走向市场经济，已经毋庸置疑。市场经济，意味着竞争更加激烈，市场变化更加复杂。在竞争激烈、瞬息万变的市场中，企业在未来究竟需要怎样的能力，才能在市场中生存？企业未来经营究竟需要怎样的核心竞争力，才能立足于市场？

有人说，未来的企业之间是商业模式的竞争。商业模式的确是企业发展重要的一环，然而要注意一点，商业模式，在别人没做的时候，你靠模式一定成功。当别人都会做的时候，你要有一定的相持力，这是硬功夫，否则商业模式将会失效。

有人说，企业未来是赢在战略。的确，历史告诉我们，先知先觉是经营者，后知后觉是跟随者，不知不觉是消费者。战略能让我们做正确的事，但许多企业战略定得不错，可是总是落不了地。原因在于它的资源及各方面条件不匹配，理想与现实的差距让人唏嘘不已。

有人说，企业未来是管理为王。TCL集团董事长李东生先生说："20年前，中国企业家不看西方管理的书籍，那是无知；20年后，还只看西方管理的书籍，那就是无能了。"

有人说，企业未来是营销至上。我们团队中曾经有许多位同僚以营销专家自居，传道授业，宣称"当你不知道在哪里突破的时候，就在营销上突破"，大讲"市场细分是前提，产品创新是核心，战略设计是主线，战术监控是关键"，先后担任多家企业营销顾问，可也只能让别人"各领风骚两三年"。

有人说，企业未来是赢在执行。可今天看来，执行力实在是个伪命题，因为它根本不能独立存在。"一错再错"不是能力问题，而是态度问题。仅靠盯是盯不出执行力的。执行力要居于战略地位是正确的，经营思想是成熟的，才能实现。

还有人说，企业未来要以服务制胜。然而我们发现企业要有两个中心：内部以员工为中心，否则，被员工出卖；外部以客户为中心，否则，被客户出卖。没有员工的满意，哪来客户的满意。

那么，企业究竟要靠什么，才能立足于未来呢？

我们的答案是：思路决定出路，思想决定成败，初心决定未来。靠的是企业的经营思路，经营思想，企业的初心。

这句话怎么理解？

安排员工工作没有思路不行，组织管理没有思路不行，制订战略没有思路不行，企业经营没有思路不行……在逆境和困境中，有思路就有出路；在顺境和坦途中，有思路才可能有更大的发展。

企业在发展的过程中会遇到很多困境和难题，它们影响企业的命运，决定成败。如何解决这些问题，需要正确的经营思路和经营思想，更加需要坚定的初心。

世界上唯一不变的，就是变化。市场环境会变化，竞争对手会变化，企业员工会变化，你的企业不跟着变化，只有死路一条。如何变化？需要正确的经营思路，正确的经营思想，正确的初心。

每一个强大的企业都有非常清晰的经营思路、经营思想及企业初心，这是保障企业基业长青的根本。经营企业，不再是简单的财富游戏、简单的营销与服务，而是经营思想智慧的比拼。

帮助更多的企业掌握如何梳理正确的经营思路，构建完善的经营思想，寻找真正的初心，就是我们写作本书的主要目的。

我们希望，通过这本书让更多的企业发展得越来越好。如果我们这本书真的能够帮助到企业，哪怕书中的某一句话触动了各位企业家及管理人员，让他们意识到经营思路、经营思想、企业初心的重要性，让他们觉醒了、成长了，对我们来说都是非常荣幸的。如果书中的内容能给各位企业家、管理人士及广大读者带来一点点思考和启发，将是我们最大的欣慰和欢喜。

最后，在此感谢那些为本书出版而付出的朋友们，他们是倪恩集团的陆军先生、上海意迪尔科技股份有限公司的王占龙先生、毕孚自动化设备贸易（上海）有限公司的梁力强先生、睿迈贸易（上海）有限公司的何瑞笙先生、九五住墅（北京）信息技术有限公司的朱中晔先生、上海延龙生物科技有限公司的张浩先生、倍兰可云国际产后修复中心的宋佳秋女士、置景（上海）科技有限公司的苏建鸿先生。他们提供的宝贵经验、建议，以及时间和各方面的投入，是对我们完成这本书最大的支持。

编　者

2017 年 5 月 20 日

前言

企业最大的问题是老板的问题，老板最大的问题是经营思路和经营思想的问题，而影响老板们经营思路和经营思想的是企业初心的问题。老板的思想、思路和初心是决定企业成败的关键，这是企业的起点，所谓“将帅无能，累死三军”，背后也是这个道理。

一、本书讲的是什么

初心是企业不可缺少的一部分，是企业发展的根基。初心有问题，就会没有竞争力，更不会有执行力，企业就站立不起来。企业的发展就是初心的成长，它的升级决定着企业的发展，企业是生是死，关键取决于它。它是企业的起点，经营企业必先经营它，本书写作的目的不仅是想让企业家觉醒，更是想通过企业家来唤醒企业里那些无动力、没激情、小富即安的公司核心管理层及员工，来实现企业的升级。

本书专门解决：

1. 企业家及管理人员的心胸与境界。
2. 企业家及管理人员的“能量级别”与“领导水平”。
3. 企业家及管理人员的经营思路及经营思想。
4. 企业家内心深处最本质的创业初心。

最后本书希望实现：

1. 让更多的企业家及管理人员觉醒。

2. 提升企业家及管理人员的经营管理能力。

3. 提升企业家及管理人员看透企业核心本质问题的能力。

4. 升级企业家及管理人员的领导力，提升他们的能量级别。

5. 提升企业家及管理人员精神层面的意识问题。

二、本书的组织结构是什么

本书共分七章：

第一章　介绍企业目前面临的大环境。

第二章　提炼企业发展遇到的六大挑战。

第三章　提出企业这些挑战给企业家造成的四大困惑。

第四章　将以上这些问题归纳为两大核心：人和事。

第五章　分析造成以上这些问题的关键是企业的经营思想及思路。

第六章　由企业经营思想的重要性引出企业经营发展的起点。

第七章　最后探索和阐述企业家如何更好地应对未来。

- 第一章至第四章，重点写企业的问题，并引出企业最大的问题是经营思想的问题。
- 第五章重点写经营思想的基本体系。
- 第六章重点写经营企业起点的内容框架。
- 最后一章写未来企业家还需要具备的思维能力。

各章节环环相扣，承上启下，给读者更好的阅览体验。

三、本书的特点是什么

- 体系化和标准化

本书是按照企业现状、企业问题、企业瓶颈、企业家痛苦、企业核心本质、企业如何解决核心本质这一完整的体系来设计篇章结构的，力图提供一套企业高层学习的系统解决方法；同时对企业高层人士学习读书等设计出可执行的标准化步骤。

- 案例生动化

本书的另一特色是“案例分享”，一部分来自作者二十几年管理生涯中的亲身经历，另一部分也有编委们在多年的工作经营中的心得和体会，这些案例都可以加深对本书中主要观点的理解。

- 使用实战化

本书不仅系统阐述了中心思想，而且介绍方法、工具和技巧。作为实操性的书籍，本书突出解决细节问题的方案和程序，力图达到实际、实用、实操、实效的效果，是企业管理层直接使用的操作性指导书。

四、本书怎么读

本书第一章至第七章是按照完整的体系来设计篇章结构的，每一章涉及一个主题，在每一章里都有“案例分享”加深读者对理论体系的理解。

五、本书是写给谁看的

本书的读者对象是企业老板、企业高层管理人员以及渴望未来成为企业高层的人士；同时，高校、培训行业的人员也能参考阅读。

引言

换个大脑重新认识商业世界

这是一个幸运的时代。客户被琳琅满目的商品所包围，应有尽有，只要想得到的，几乎都能买得到。规格、品种之繁多，令客户眼花缭乱。

这也是一个不幸的时代。全球化和技术革新就像一把双刃剑，将不能顺应潮流的企业驱逐出市场。企业之间竞争的激烈前所未有，企业之间合作的重要也显得前所未有。

面对如此的环境，企业该如何运筹帷幄?

一、未来的商业世界会是什么样子

我们设想一下，晚上带着家人去吃饭，拿出手机点选附近餐厅，看完餐厅介绍，对比之后，挑一家评价好又实惠的餐厅，在手机上领取一张会员卡，订好座位，等时间到了，点击导航，直接去吃饭，不用排队。

吃饭的时候，拍个照，放到微博或朋友圈，晒一晒，与朋友共享，以后朋友来这里吃饭的时候，凭借你的分享，朋友可以优惠，商家还要给你返利，既能吃到好东西，分享又能赚钱。

吃完饭去商场购物，看到哪个产品比较喜欢，拿起来扫一下二维码，用手机比比价，放入网络购物车，逛完商场，在手机上点击送货时间和送货地址，直接付款，不用拎东西，也不用排队，然后去看电影，因为电影票在吃饭的时候已经用手机买好了……

这就是我们未来的生活，你觉得能实现吗？我想很快！

客户的生活需求就是企业的商业机会。

那么，作为企业，如何在这种生活趋势下调整自身的产品及模式来有效应对，值得我们思考……

跟不上趋势的企业，终究会被时代抛弃。

二、正在发生的商业变化

当摩托罗拉还沉醉在 V8088 的时候，不知道诺基亚已迎头赶上。

当诺基亚还注重低端机市场时，乔布斯的苹果已经潜入。

当苹果成为街机时，三星已经傲视天下。

当三星还在得意时，小米已经在背后抄底。

当小米还在想改变世界时，华为毅然崛起。

不要说停止学习，就是慢一点都有可能被淘汰出局。

三、新的商业经营思路已经出现

360 杀毒软件的出现，直接把杀毒免费化，淘汰了众多收费的杀毒软件。

天猫双十一的销量，逼得苏宁、国美这些传统零售巨头不得不转型，逼得“李宁服装”关掉了全国 1800 多家专卖店，连天上发了卫星的“沃尔玛”都难以招架。如果马云“菜鸟”行动成功的话，24 小时内，全国到货的梦想实现，那么这些零售巨头的命运又将会是如何？

马云的“余额宝”，18 天狂收 57 亿元资金存款，抢夺银行的饭碗。三马（马云、马化腾、马明哲）网上保险公司的启动，预计未来五年将会导致 200 万保险人员失业，其他保险公司将何去何从？腾讯微信的出现，直接抢了中国移动、电信和联通的饭碗。

所以，如果有一天你隔壁开火锅店的张三，卖手机卖得比你好的时候，你不用觉得惊讶，因为，这也是一个跨界的时代，每一个行业都在整合、交叉、相互渗透，原来你一直获利的产品或行业，在另外一个人手里，突然就会变成一种免费的增值服务。

这就是未来的商业世界。

所以，未来商业世界的竞争，不仅仅是产品、渠道、资源整合的竞争，更是经营思路、经营思想的竞争。

四、抓住最后的机会，调整你的商业经营思路，构建跟上时代的商业经营思想

30 年前说下海能赚钱的人，被认为是骗子。

20 年前说炒股能赚钱的人，被认为是骗子。

15 年前说保险能帮到大家的，被认为是骗子。

10 年前马云说互联网能改变人们的生活，也被认为是骗子。

那些说别人是骗子的人，生活一成不变，而那些当年所谓的“骗子”却往往成为了时代的标志！

“每一次新的经营模式变化的到来，都会造就一批富翁！”

任何一次商业机遇的到来，都必将经历四个阶段：

“看不见”“看不起”“看不懂”“来不及”。

任何一次商业财富的缔造必将经历一个过程：

“先知先觉经营者；后知后觉跟随者；不知不觉消费者。”

这个商业世界变化太快。

人生中比努力更重要的是选择！

比选择更重要的是方向！

比方向更重要的是思路！

比思路更重要的是初心！

况且，越来越多的事实，越来越多的血淋淋的案例警示着我们，今天不同于过去——这是一个动态竞争的时代，我们的企业就像在进行一场篮球比赛，有对手，有伙伴。他们都在快速地跑动着，必须要时时观察、准确判断，观察球的落点，发现及创造机会，卡位前进，阻拦对手，获得控制权，抢球快速上篮。

大多数的中小企业都是全球化竞争这个“篮球场”中的一员。我们的管理比不了大型集团企业，我们的技术比不了大型集团企业，我们的规模比不了大型集团企业，我们的品牌初成型也比不了大型集团企业。我们就像篮球场上的小个子，处处掣肘，必须时时理清思路，处处小心，进行有效的卡位，才能拥有立足之地。

因为随着趋势的变化，竞争会越来越激烈，企业危机会越来越大，稍有不慎，满盘皆输。

寻找你“最长的板子”，理清你的经营思路，明确你的商业定位，坚定你的商业初心，充分利用和整合企业的自身优势，准确卡位，有效切入，建立区隔，做到最优，创造一片属于我们自己的蓝海，才能使对手无法复制与超越！

然而，许多企业家会认为这是在危言耸听，会认为问题没有那么严重，会认为中国市场那么大，怎样都会有自己的生存之地，没必要太紧张。

那么，事实真的是如此吗？

让我们走进本书，重点深度分析，帮助企业了解最新市场上的真实声音，了解企业的根本问题，从企业起点上找到企业瓶颈所在，破解企业的关键痛点，真正实现企业在转型中升级。

目录

第一章　企业危机来了，你感受到了吗

“别看一些老板开着玛莎拉蒂，坐在保时捷里，风风光光的，说自己资金实力雄厚。这只是外在表象，只有我们才知道彼此内心的痛苦。企业看不清未来的方向，业务不断下滑。就像站在充满迷雾的悬崖边，前方不知如何，后方还有追兵。”

我们在调研时，几乎所有企业家都有共同的心声。

全球经济的持续低迷，新常态的到来，无不预警着“企业寒冬”的到来。

“未来的市场环境比金融危机更凶险。”这几乎成为众多企业老板们共同的心声。

以广东为代表的“珠三角”和以浙江为代表的“长三角”在近年来掀起了一股“倒闭潮”。继 2013 年后，市场经济寒流再一次袭击了中国的大部分行业，不少企业的老板突然卷款跑路，只剩下了倒闭的工厂和一屁股债。

“转型是找死，不转型是等死。”这是流传在广大中小企业老板中间的一句话。

据企业家们反映，这两年企业普遍遭遇了发展困难的状况，企业危机随时来临。现在的“L 型经济”甚至凶险过 2008 年的金融危机，很多老板担心，再往前走就是万丈深渊。

好像整个商业世界都精神紧绷，危机真的来了。

危机真的来了，你和你的企业感受得到吗？

失落的“世界工厂”

现象一：陆老板“失踪”风波

老田是广东东莞“灵通涂料公司”的一名职员，已经在这家涂料公司干了 8 年，但上周四老田发现，工厂老板陆先生竟然“不见了”，而自己和其他 10 多名工友已经有 2 个多月没有领到工资。

这家工厂原本以生产高级油漆为主，有 40 多名员工，开始几年效益一直很不错，可就在前几天，陆老板把工厂转手卖给了现在的汪老板，自己跑了。手下的员工没有想到，他们挺过了 2008 年，挺过了 2013 年，却没挺过 2016 年。

现象二：Enlang“倒闭”风波

Enlang 电子有限公司是东莞科技园内一家规模较大的企业，它占据了该科技园出入口第一栋厂房的 1 至 3 层，生产面积达 8000 平方米。若非 2016 年 2 月 21 日公司上游供应商王先生的一道网上“通缉令”，谁也没想到这家曾一度风光的公司已经意外倒闭。

老板孙总卷款潜逃，下落不明，只留下了 800 多万元的债务以及一夜之间全部失业的 466 名员工。

如今公司已被法院贴上封条，价值近百万元的生产、办公设备等财产被封存冻结，昔日热闹的厂区，只落得人去楼空。

老田的无奈及 Enlang 电子有限公司的倒下只是一个缩影，在他们所在的科技园内，甚至整个东莞的大部分区域，许多家企业相继换了老板，更多的小企业，厂房机器开工率不到 50%。这就是东莞的现状。

这一现象让不少人感到疑惑：东莞到底怎么了？

1. 东莞：世界工厂的美誉

19 世纪中叶，英国制造业迎来令人瞩目的发展，英国迅速成为世界工厂。

20 世纪后半期，日本、韩国凭借优势也成为世界工厂。

20 世纪末期，中国经济迅速发展，经济体制改革和加入 WTO 带来的巨大商机也使得中国替代日韩成为新的世界工厂。

21 世纪初，在东莞这个只有 2500 平方千米的面积上云集着五六万家制造加工企业，凭借着人力资源优势，制造、加工、贸易等业务在这片土地上如火如荼地开展。东莞超越了其他区域的发展，成为中国对外的世界工厂。

虽然东莞只有 1000 多万常住人口，但是却创造出了 5100 多亿元的 GDP，以及全国排名第四的进出口贸易额，登上中国“最富 20 城市”的榜单，位居首位。

从此，因生长莞草而得名的东莞，凭着野草一般的生命力，在广州和深圳两大城市的缝隙中快速生长，并在改革开放后迎来了黄金 30 年，独领风骚。

这里是中国制造业的发源地，是一座名副其实的世界工厂。

2. 东莞危机来临的预警

然而，如今这座曾经以制造业闻名的世界工厂，近期收到的评价却更多是“熄火”“衰落”和“危机”，这到底是怎么了？

东莞虽然不大，但当地却有 17 家 A 股上市公司，行业涵盖机械、金属、橡胶塑料制造和纺织服装等。可是在2015年，当地却有2/3的上市公司业绩同比下降。

东莞是玩具制造的鼻祖，玩具厂曾多达3500多家，但是目前只剩数百家。当年东莞号称“玩具制造之都”，现在却成“倒闭潮”中的一员。

东莞市虎门镇以服装产业闻名天下，曾有外资企业1400多家，但是目前仅剩下300家左右的企业。

家具产业集群也是东莞的一大特色，东莞家具产业主要集中于厚街镇和大岭山镇。全国知名家具品牌中有70%出自东莞厚街镇，这里被誉为“家具之都”，是东莞家具的主要生产地，聚集了众多知名品牌。有着“中国家具出口第一镇”之称的大岭山镇是东莞的另一个家具产业基地，聚集了300多家家具企业和配套厂商，其中包括两家上市公司。在厚街和大岭山，不仅聚集了大量的家具制造企业，化工、五金配件、木材加工、销售展示等众多配套企业也跟着聚集，形成了成熟的产业链和产业群。可是，目前也只剩下屈指可数的若干企业。

除此之外，还有许多在东莞倒闭的企业，数不胜数。据相关数据统计，近年来东莞倒闭破产的企业多达数千家。这几年，东莞总计倒闭破产的企业已超过万家，惨不忍睹。

3. 东莞失落背后的根源

为什么东莞会产生如此巨大的变化？为什么在东莞那么多的企业均面临倒闭破产的危机？

我们经过调查研究发现，改革开放30多年来，东莞凭借优越的区位条件、地缘优势和政策优势，引进外资，大力发展外向型经济，不断创造着“东莞奇迹”，成为名副其实的“世界工厂”，经济发生了质的飞跃，地区生产总值从1978年的不到5亿元发展到现在超过5000亿元。然而，随着近年来一系列因素的影响，曾经的“东莞模式”面临重重困难，自身的产业结构等问题也慢慢凸显。

全球经济的低迷，再加上中国经济进入新常态的影响，东莞大部分企业的形势变得越来越严峻，许多企业面临着前所未有的困难，面临着倒闭破产的风险。

造成东莞模式衰落的原因，主要有以下几点。

第一，把鸡蛋都放在同一个篮子里，业务模式太单一。

东莞大部分企业都是以制造加工为主，而且大多都是以国外市场为定位目标。只要国外市场需求萎缩，必然导致企业订单锐减，出口下降。

第二，面粉比面包还贵，原材料成本太高。

东莞有95%以上的出口型制造企业的原材料来自国内，国内资源消耗加剧和供需矛盾日趋紧张，原材料价格日益上涨。由于绝大部分企业采用长期合同定价的模式，在原材料价格不断上涨的背景下，生产成本的上升不能立即传递到产品价格上，导致成本压力。

第三，劳动力成本上涨，加剧了企业的负担。

随着生活水平的提高和物价的上涨，员工提高工资待遇的要求越来越迫切，导致企业用工成本急剧上涨。

第四，融资困难，导致部分企业资金严重匮乏。

东莞的企业，尤其是那些中小型制造企业，长期存在融资难问题。东莞的中小企业工业总产值占全市规模以上工业总产值的83.79%，但全市各银行的中小企业贷款比例仅为38.84%。也就是说，东莞中小企业用了不到40%的银行贷款，创造了超过80%的产值。但中小企业的竞争力及品牌知名度和大企业难以比拟，一旦融资出现问题，订单量减少，企业经营一定会出现问题。

第五，创新能力低下，导致同质化竞争激烈。

东莞有很大的一部分企业的产品及业务都是相同的，在没有创新的情况下，打的都是价格战，核心竞争力低下。当成本上涨，出口利润下降的情况出现时，只要资金链出现断裂，企业便会面临严峻的生死考验。

总结下来，除了胆子大，大部分的东莞企业都犯了“三缺两多一无”的毛病，才造成了今天的企业危机。

三缺：缺钱，缺人，缺方法。两多：多压力，多阻碍。一无：无创新。

前些年，国家政策的支持和市场的需求给东莞企业带来了良好的发展机遇，而如今时代的发展，已经过了“要成功，先发疯，头脑简单向前冲”的阶段。东莞模式的失落告诫我们：当风来临时，猪都能飞起来。但是当风离去后，猪如果没有修炼出会飞的本领，那么一定会摔得比任何人都重。

那么，未来的东莞企业，该何去何从呢？

我们认为，“三缺两多一无”只是“东莞危机”的外因，它只是加剧了这些企业倒闭的速度，而真正令他们倒闭的是长久以来所累积的深层次问题，是内在的问题。

可是，这些内在问题是什么问题？如何解决？如何转型升级？如何帮助东莞企业改变呢？我们将会在后面的章节详细分析。

从最新名企阵亡的名单中，我们嗅到了什么

这是一个最坏的时代，也是一个最好的时代！

企业战争是一场没有硝烟的战争，强者独领风骚，弱者退出江湖！

表面上，市场在洗牌，其实背后是在洗人，凡是在行业中懒惰懈怠与能力不足的，必将被淘汰，未来属于有坚定信念、有经营思路、懂趋势、与时俱进、不断创新的企业，哪怕是名企也逃脱不了这种命运的安排。

不在变革中爆发，就在骄傲中死亡，用来形容当今的企业情况，特别是名企，再贴切不过了。

下面，我们先用五组表格来展示一下，近几年来各行各业的名企，都面临着怎样的生存困境，如表1－1至表1－5所示。

表1－1　知名服装鞋履品牌企业动态

企业名称	模块	经营状况
美特斯邦威（继续下滑）	具体情况	巨亏超4亿元，三年内关店1600家，创始人周成建已辞职
	深度剖析	激进开店以来，模糊品牌定位，过于看重移动互联网，没有做一个好裁缝，所以被市场抛弃
	市场评价	曾是中国本土零售逆袭的代表，靠周杰伦代言及零售模式崛起，但遭遇全球快时尚品牌的全面入侵，自身转型缓慢，抓不住消费者痛点，新推的子品牌影响力提升太慢，导致市场份额急剧下滑
波司登（大幅下滑）	具体情况	2015年关店超5000家，2016年已关店近550家
	深度剖析	通过成本和资源投入获得暴利的时代一去不复返，波司登正力求变得时尚、年轻，继续调整店铺，但力度会放慢
	市场评价	波司登曾连续19年在羽绒服市场上市场占有率第一，但羽绒服业务下滑，男女装业务拓展受阻，波司登的业绩跌入了一个冷冬。品牌在凋零，渠道在萎缩，在转型路上，波司登举步维艰
百丽（持续关店）	具体情况	在2011年开店最为“疯狂”的日子里，百丽国际平均每天都会新开2～3家店铺，2015年百丽关了400多家店，2016年已关近500家门店
	深度剖析	受零售业艰难大环境，以及线上竞争影响，租金上涨幅度大，其中中国香港压力更大
	市场评价	中国鞋业的龙头老大，多元化的品牌及影响力更是令资本市场认可。但在互联网日益改变人们生活方式和行为模式的大环境下，百丽应变不及，当年疯狂开设店铺和专柜的模式终要被清算

续　表

企业名称	模块	经营状况
达芙妮（大败退）	具体情况	2015 年，达芙妮一共关了 805 家店，2016 年已关超 500 家店，同店销售增长率下降 11.7%
	深度剖析	大规模关店是为了应对低迷的市场情况以及租金压力
	市场评价	消费者需求在变化，更加具有国际视野；达芙妮的加盟店问题太多，资金链断裂、裁员、电商被遗弃等传闻甚嚣尘上
李宁（巨亏的下坡路）	具体情况	三年亏损 31 亿元，关店近 1800 家，2016 年关店放缓，但整体盈利能力依然下滑严重
	深度剖析	存在成本、渠道搭建、管理粗糙、董事会和管理层关系不清四大问题
	市场评价	5 年前李宁把品牌目标群体定位为 90 后是品牌一大失误。成本控制及品牌营销尚有问题，定价策略更是让曾经的消费者抛弃李宁而选择价格差不多的阿迪达斯、耐克等品牌的折扣款

表 1－2　知名奢侈品品牌企业动态

企业名称	模块	经营状况
香奈儿（在严控中开启电商模式）	具体情况	目前香奈儿中国门店数为 11 家，是最多门店数时期的一半
	深度剖析	2015 年整个大中华区的奢侈品牌都不太好过。即使推出全球性电商网络，单独开启电商渠道，但情况不佳
	市场评价	香奈儿仍然是一家私人公司，有一贯的品牌特质及影响力，早已进行变革调整，中国市场则在严控中
普拉达（一路下滑）	具体情况	普拉达两年在中国关了 16 家店，2016 年已关店 4 家（包括旗下品牌 Miu Miu）
	深度剖析	普拉达将充分发挥畅销款的作用，提高新品、新款的发布频率。亚太地区开店策略从大幅扩张到保守处理，目前降价压力加大
	市场评价	净利暴跌，股价达历史新低，质量及售后问题未能得到妥善解决，策略保守，定价过高

续 表

企业名称	模块	经营状况
路易威登（中国热退潮中）	具体情况	2015 年年底关闭了广州、哈尔滨、乌鲁木齐三家门店。目前在中国市场约有 50 家门店，2016 年已关闭 2 家
	深度剖析	中国人在全球各地为路易威登所贡献的营业额飙升 10%，但亚洲市场下跌 5%。由于整体经济环境、反腐政策、消费外流等原因而导致中国奢侈品消费增长放缓，奢侈品线上销售趋势同期放缓，中国二、三线城市的路易威登门店苦苦挣扎，业绩明显下降
	市场评价	路易威登的品牌价值在下跌，目前正进行爱马仕式的，更重手工艺及限量版的创新变革。中国市场的差额可由境外门店弥补，中国奢侈品市场寒冬导致关店压力加大

表 1－3　　最新知名大卖场品牌企业动态

企业名称	模块	经营状况
沃尔玛（全球洗牌）	具体情况	2016 年年初沃尔玛宣布全球关闭 269 家店，而在中国已关闭 10 家店
	深度剖析	过去几十年的全球快速发展中，过于密集的布局和过多的门店数量拖累了沃尔玛的业绩
	市场评价	沃尔玛此次计划关闭的美国连锁店中，有 95% 以上与另一家沃尔玛连锁店距离不到 16 千米。与之相反，其在中国发力自营社区购物中心，计划在 2 年内增设约 115 家门店
乐购（大衰退中）	具体情况	2015 年乐购在英国关闭了 43 家店，包括规模较小的 Express 与 Metro 门店。2016 年彻底退出中国，已把目前在内地经营的 135 家门店卖给了华润
	深度剖析	对市场的判断出现失误，没能跟上市场的变化形势
	市场评价	综合竞争力不佳，更多本土优势的卖场崛起，挤占其生存空间，如中国、美国、日本等地的乐购海外市场相继失败

续 表

企业名称	模块	经营状况
家乐福（风口已过）	具体情况	2015 年家乐福在中国关店数量超过 15 家，2016 年在中国已关闭 3 家，综合影响力大不如前
	深度剖析	战略转型问题导致业绩下滑。现在重点布局便利店，并发展电商业务，正在全国打造 6 个现代配送中心
	市场评价	全球影响力正在下降，在中国，正被本土的大润发、华润、永辉等同类企业挤压

表 1－4　知名餐饮品牌企业的动态

企业名称	模块	经营状况
黄太吉（风光不再）	具体情况	黄太吉承认一半门店已关闭，北京的门店数量已经从 44 家骤降到了 20 家
	深度剖析	这些门店的开销及成本过大，同时外卖平台型业务战场不断升级，黄太吉没有必要耗在一场没有胜算的战争里
	市场评价	黄太吉食物味道有待提升，副牌竞争力不强，外卖拼不过许多综合类型平台，新生态小商户已不埋单
麦当劳（重新来过）	具体情况	2016 年在中国关闭 80 家店，麦当劳在中国目前有近 2300 家门店，预计会像肯德基那样把中国业务全部打包出售
	深度剖析	抓核心客户，重新装修以加快餐点的制作。通过强调食品的质量来强化形象，增加多种新品，重新建立客户与麦当劳之间的情感联系
	市场评价	本土餐饮崛起太快，而麦当劳一直变动缓慢，未能及时满足当下中国消费者的新需求
湘鄂情（高端餐饮失势典型）	具体情况	曾是高端湘菜馆且已上市的新星，近 3 年关店近 30 家，剩余的 10 多家店也在陆续关门、转让、抵押清算

续 表

企业名称	模块	经营状况
湘鄂情（高端餐饮失势典型）	深度剖析	2012年以来，在“八项规定”、限制“三公”消费等政策出台后，原先依附于政务消费的高端餐饮业迅速进入寒冬，消费群体大量流失，企业利润直线下滑，高端餐饮全行业面临洗牌
	市场评价	没能看清形势，变化不及时，创始人缺乏韧性及手腕，转型的几样新业务没能做起来，最终缺钱、缺人无奈跑路，是中国高端餐饮失势的一大经典案例

表1-5　知名互联网品牌企业的动态

企业名称	模块	经营状况
云在指尖（传销风波）	具体情况	于2014年10月31日运营上线，封停前关注人数达2400万余人，缴费人数达260万余人，业绩达6.2亿余元
	深度剖析	“云在指尖”一开始就被指涉嫌传销，但依旧大张旗鼓地在全国各地举行推广活动，导致后期被封倒闭
	市场评价	靠利益驱动永远不如靠产品自身驱动，培养用户忠诚度最终要靠产品本身，企业应多花精力在产品创新和改善上，圈钱模式终不会长久，君子爱财，取之有道
美味七七（倒闭转让）	具体情况	曾获得亚马逊中国2000万美元入股，成为亚马逊全球战略合作伙伴，却在一夜之间宣布倒闭
	深度剖析	营销层的大量支出、物流成本的居高不下、生鲜损耗难以控制、采购过程中的暗箱操作等问题都制约着生鲜电商的发展
	市场评价	融资后，美味七七未能使团队稳定，核心成员逐步流失，用户体验也开始下降。物流配送上的巨大投入成为其资金出现问题的一个重大原因

续 表

企业名称	模块	经营状况
蜜淘 （跨境电商的尴尬）	具体情况	蜜淘可以说是跨境电商的先行者，除洋码头外，目前国内绝大多数知名跨境电商介入跨境业务都在蜜淘之后，包括唯品会全球特卖、聚美优品聚美海外购、蜜芽以及后来的互联网巨头如天猫、京东、亚马逊中国、苏宁、网易、顺丰等。2014 年的蜜淘风光无限，它一年内相继拿到三轮融资，这是所有创业团队都羡慕的成绩，但经过短短的两年时间，它便黯然倒下，令人唏嘘
	深度剖析	无法和巨头拼价格战，加之跨境电商政策影响，蜜淘库存积压严重。后又提出韩国免税店概念，把未来战略押注在韩国市场，被动求生
	市场评价	围绕爆款、标品打价格战并不是跨境电商发展的长久之计，这种竞争必须有巨额资金不断投入，而且还要考虑用户留存率、重复购买率、商品毛利率等因素

以上这些企业都曾经在市场上呼风唤雨。特别是其中的一部分跨国知名企业，没有一定的资本实力、营销通道，根本无法在一开始就获得国内的经营权。然而，在如今的二、三线城市要想看到这些品牌却变得越来越难。那么，为什么会出现这样的惨像呢？

我们说，在市场经济中，企业生生死死是十分正常的事。经济发展过程，本身就是企业生死存亡的过程，是大鱼吃小鱼的游戏场。一些企业在竞争中被淘汰，一些企业在竞争中发展得越来越好，这才是真正的市场经济，也是经济发展规律。

然而，问题的关键在于，那些原本在消费者心里地位很高、影响力很大、对市场把控和驾驭能力也非常强的企业，如今也纷纷面临着市场淘汰，这就存在一些需要思考的地方了。而且，在这些企业中，有些还曾经造就过独特的经营模式、独特的生产方式。如美特斯邦威的无生产车间模式，就曾受到市场和投资者的广泛推崇，也吸引了许多企业前去学习，为什么目前也面临业绩大幅下滑、市场空间越来越小的尴尬呢？

我们认为，最根本的问题是跟不上时代的创新。

现在已经进入智能时代，如果企业的经营思想、经营思路、经营理念、经营模式能够跟上时代的发展、科技的进步、观念的更新，或许企业就会越做越好，越做越有活力，越做越有竞争力。反之，就会出现危机，只能被淘汰。前文中提到的东莞企业面临的危机，也是这个问题引起的。

眼下，很多实体企业的企业家都在抱怨互联网、电商，甚至抱怨互联网企业的企业家们，认为是他们害了实体经济、伤了实体企业，是他们制造了市场不公平竞争的环境。其实出现这种现象并不奇怪，当年这些企业在突飞猛进时，也曾经被他们淘汰掉的企业和企业家埋怨。但是，他们仍然坚强地走过来了，成为新一代企业家。现在，面对互联网行业的突飞猛进，他们则变成了当年满腹委屈的人。问题是，互联网领域的企业家们，不会因为他们有抱怨就停止创新、停止运营、停止对实体经济进行冲击，而是会像当年的他们一样，坚持自己的初心和目标，坚持在创新之路上寻求新的突破。问题不是出在互联网及互联网领域的企业家身上，而是出在实体企业的企业家身上，他们失去了创新的欲望，失去了舍我其谁的初心。如果抱怨的心理不改变，被淘汰是早晚的事。

正因为如此，面对部分实体企业，特别是知名实体企业陷入危机困境，甚至破产关闭的现状，不要大惊小怪，这是经济发展、社会进步、企业成长所必须经历的过程。对实体企业来说，要想保住生命、留下生存的空间，唯一的办法就是创新。建立新的经营思想观念，创造新的经营思路、创新技术、创新管理，只有这样才有生存下去的希望。不然，只有等待被市场淘汰的那一天。

“狼来了，羊该如何自救”

自2001年12月11日开始，中国正式加入WTO，标志着中国对外开放进入了一个全新的阶段，协议还规定有15年的缓冲期。

2015年7月世界贸易组织（WTO）15年保护期到期。这意味着从2015年7月起，中国必须做到以下2件事情：

一是允许外资企业进入中国的所有行业。包括金融、证券、交通、钢铁等，都将允许外资进入，以后投标项目都不允许国家参与，只允许个人财团参加。也就是说，“谁都可以来”！

二是海关关税减免或者为零，从2015年7月起，所有进出口商品将全部免除海关关税。而原来中国海关的关税，区间是100%～420%。也就是说，“来了没有限制”！

中国加入世贸组织时，形象地把外国企业产品零关税进入中国的行为形容为“狼来了”，把我们一些还不成熟的企业形容成“羊”。为什么把国外的产品和企业形容成可怕的“狼”呢？因为国外大部分企业的进入势将冲击国内企业的利益，导致国内企业面临倒闭的危机。

那么，“狼来了，羊该如何自救呢”？

从企业寿命上看，据相关数据统计：

1996年，中国企业的平均寿命是9.7年；

2006年，中国企业的平均寿命是5.4年；

2016年，中国企业的平均寿命是2.5年；

20年的光阴，中国企业的平均寿命减少了7.2年。

中国每年约有100万家企业破产倒闭，60%的企业在5年内破产，

85%的企业在10年内消亡，能够生存2.5年以上的企业只有10%。其中，有40%的企业在创业阶段就宣告破产。

在中国，每天有2740家企业倒闭，平均每小时就有114家企业破产，每分钟就有2家企业破产，而一些大型企业集团的平均寿命也只有7.8年。

然而，日本企业的平均寿命为30年，是我们的12倍；美国企业的平均寿命为40年，是我们的16倍；欧洲企业的平均寿命为50年以上，是我们的20多倍。

从百年老店的数量上看，日本拥有3100余家历史超过200年的企业，更有7家企业历史超过了1000年。超过200年历史的长寿企业在欧洲也不少，德国有830余家，220余家在荷兰，还有190余家在法国。

而中国，截至完稿前，最古老的企业是成立于1538年的六必居，之后是1663年的剪刀老字号张小泉，再加上陈李济、广州同仁堂药业以及王老吉三家企业，中国现存的超过150年历史的老店仅有5家。

而全日本，超过百年历史的企业竟达21000余家！

从专利产权上看，中国是文明古国，四大发明为人类的进步提供了不竭的力量。但是，2016年，我国的发明专利申请为43万件，有一半来自于跨国公司。从专利构成看，我国每申请100件专利中，只有18件是发明专利，而国外企业申请的100件中就有86件发明专利。这从另一侧面告诉人们，我国企业发明专利的所占比例比较低。

中国才刚刚开始准备转型，刚刚向创造研发倾斜资源，这个时代的投入，只有在10年、20年之后，才会慢慢收获，而不是现在。

企业是一个国家经济发展的基石，它不仅仅是推动国民经济发展、构造市场经济主体、促进社会稳定的基础力量，更是我们广大国民工作就业的重要载体。然而，我们企业的寿命越来越短，面对国外强大的百年企业、知名企业进入中国，竞争的压力越来越大。2016年，中国经济进入新常态，这对我国的中小企业来讲，更是苦乐参半。

除了大环境的影响外，我们企业还要面对成本的上涨、员工的不稳定性、业务模式的创新、竞争对手的打压等，内忧外患，困难重重。

以上种种数据表明："狼来了。"

"狼来了，羊该如何自救呢？"

我们认为：

第一，在宏观上，我们可以采用塑造差异化、构建战略联盟以及兼并共生等方式运营。

第二，在微观上，我们可以采用核心竞争力的强化、品牌的打造、营销方式创新、销售激励等方式推行。

然而，我们认为最佳的方式，是开创"夹缝市场"的"蓝海"。

中小企业在市场开拓中，为了避开强企，或者大企业的围堵，可以通过寻找市场缝隙而生存。"不以利小而不为"应成为中小企业的座右铭。

案例分享

亚运会的小彩旗

第十一届亚运会上，印有亚运会标志的彩色小旗的发明者是一个名叫朱宝新的年轻人，当时他作为一名刚毕业的大学生，正领导着一家挂在街道劳动服务公司名下的小厂——金祥工艺加工部。

小朱作为一个体育迷，从掌声雷动的赛场场景中得到启发：如果每个球迷手中拿一面旗子，一场球赛下来就使用六七万面，一个亚运会办下来得有多少场比赛？况且这种纸旗制作成本极低，这小彩旗买卖大有赚头。于是，他与伙伴很快设计出了彩旗样式和图案，并申请了专利。由于彩旗设计新颖，有利于烘托气氛，并且没有第二个竞争者，彩色小旗很顺利地被北京亚运会的有关部门批准生产。接着，他们有幸参加了在1989年8月举办的亚运会专利、标志产品展评会。鲜艳夺目的小旗立即引起了与会者的注意，当场订货15万面，还被评为“最受欢迎的产品”。

一届亚运会下来，企业售出彩旗70万面。产品小、利也小，往往为大企业所不屑，小企业可以为几十万元利润而欣喜若狂，大企业则可以对几百万元的市场份额不屑一顾。然而，开发小产品并不是“以小为美”，而是要有足够的市场容量，等到企业拥有足够的市场占有率后，即可升级发展。

上面的案例虽然距离现在有一段时间了，但却十分典型。竞争的最高层次是不争，避开血流成河的“红海”，独辟蹊径，战略转移，开创无人竞争的夹缝市场“蓝海”是成就伟业的最佳战略。

其实企业经营就像爬山，一山放出一山拦。企业面临困难，靠的是一个“勤”字，天道酬勤，终无绝人之路。企业成长之后，靠的是一个“智”字，要有智谋，外能协调关系，内能知人善任。要想顺利应对外来之“狼”，我们必须要有效开辟“夹缝市场”中的“蓝海”，了解自身的优势，并且不断去发挥扩大，坚持下去，再多的“狼”来了，也不会畏惧，如图1－1所示。

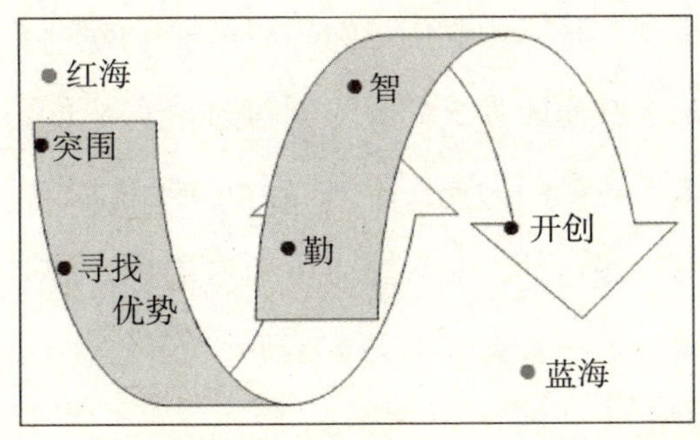

图1－1　红海与蓝海

无论是“世界工厂”东莞的衰落，大批知名企业的阵亡，还是世界强企的介入，都在告诉企业，目前我们面临的危机很严峻，稍有不慎，满盘皆输。

其实在我们看来，这一次的危机不仅是中国企业一次大的危机，更是中国企业大洗牌的时候，是中国企业开始走向强企的时候，是企业历史发展的必然阶段。

中国企业发展到一定的阶段，必然要突破一些新的瓶颈才能向世界强企靠拢，这是不可避免的。其实企业的进化与人类适合自然环境的变化是一样的道理，每一次环境的变化，我们都要适应并且驾驭它。

企业也是一样，以前很多企业都不够正规，从劳动合同法的实施就可以看得出来，很多企业因为劳动合同的原因倒闭了，之前依靠临时工、季工的方式不再奏效。这就可以说明，这一次的企业危机，其实是中国开始筛选正规企业、排除临时性拼凑在一起的不良企业的转型时期。这一次企业危机的到来，有利也有弊。企业若能够度过危机，我想，充满阳光灿烂的春天一定在等着他们。

这一次危机洗牌的结果会是什么？那些不顾质量、偷工减料的所谓“杂牌”企业还能存活多久？这也是中国企业曾经犯下的“原罪”所带来的罪孽。

为什么危机来了？是因为我们走向标准正规化的时候到了！

为什么危机来了？是因为我们升级创新的时候到了！

为什么危机来了？是因为我们走向强企的时候到了！

我们并不需要自怨自艾，而是要勇于面对困难，这对任何一个企业来说都是公平的挑战。只有稳扎稳打，只有转“危”为“机”，只有赢得明天，才能成为乱世中的英雄。

第二章　当今企业发展中面临的六大挑战

2016 年，准确地说是 2016 年的后半年，企业危机逐步来临时，众多企业开始着急了，也开始彷徨了。

随着危机的来临，很多公司中一些平时潜藏的弊端也开始慢慢显现出来。

首先是行业和人才的问题。随着行业前景不明朗，团队人才流失，许多企业面临内忧外患，受到挑战。

其次是竞争力问题。很多中小企业在开展业务之时习惯把灰色关系营销放在第一位，而忽略了本身核心竞争力的问题，这无疑使得企业的竞争力相对下降。

经过总结我们发现，我国中小企业发展普遍面临以下六大挑战。企业要走出危机，迎来新的局面，需要有效解决以下六大问题。

第一大挑战：行业趋势无法判断

中国自古以来都有“顺势者昌，逆势者亡”的名句，告诫世人要成事，必须要先学会看清趋势，如果无法判断趋势，付出的代价将会十分惨

重。对于“行业趋势”的把握，就好比冲浪运动，在浪潮未到来之前需要提前发力方可成功，如果潮头到来之后再发力借势的话，那将以“落水翻板”为代价。

“行业趋势”的重要性不言而喻。在我们了解如何判断“趋势”之前，让我们先看一个案例。

案例分享

小王的经历

小王曾是一家年销售额超百亿元的广东著名饮料公司人力资源部的经理，由于个人的原因，他后来到杭州 IT 公司工作了几年。他看中了一个“房地产 + 互联网金融”的加盟项目，于是选择创业。

之所以选择这个项目创业，是因为他对这个项目的行业发展有信心，他加盟项目的母公司业务是网上预约看房买房，2014 年线下成交额超过 5 亿元，利润 1500 万元，未来这个行业发展会很好，再加上母公司老板是自己多年老友，他信心满满，但自己却完全没有什么行业趋势分析的概念。

前几天，半年多时间没有联系的小王突然打电话，沮丧地向我们通报说：“哥们儿，我创业失败，现在失业了！有没有好的工作机会帮忙介绍一个?”

对于小王的创业，我们曾经告诉过他：

第一，不要用多年交情作为你是否参与一个新项目的判断标准，因为交情不会为项目成败作任何背书。人家投的是钱，而你投入的是少则半年、多则一两载的青春，尽管工资还不错，但显然你更希望得到的是未来的长远利益。

第二，李嘉诚都接二连三地抛售国内物业了，你还看好相关的房地产金融吗？李嘉诚看的是行业市场趋势，而国内房地产老总们看的是政府政策。对于在全国多个不同地域、不同城市经营房地产业务的公司决策者而言，其公司内部房产销售数据足以代表全国市场行情而成为决策依据。“不会挣尽最后一个铜板”的经营思想，映射的其实是李嘉诚把握行业趋势，在等到市场行情萧条点到来前完成交易全身而退的商业逻辑。因为等到大家发现萧条点到来时，市场上的玩家都争先恐后地出手，这时，挣到的往往不是“最后一个铜板”所对应的高额利润，而很有可能是一堆难以收拾的债务。

然而，小王却不顾一切，最终导致眼前的结果。

那么，行业趋势该如何判断呢？

我们认为在判断行业趋势之前，首先要了解你所处的行业生命周期和行业基础数据。

1. 行业趋势判断的基础条件：行业生命周期和行业基础数据

行业生命周期图，是判断趋势是否已经到来的重要工具。如图2－1所示，有着“引入期（孕育期）”“成长期”“成熟期”和“衰退期”明显特征的四时段S形曲线，是一张典型的生命周期图。无论是一款适销的产品，还是一个行业，还是一个王朝，或是一个人的生命活力，无不遵循着“生命周期图”所蕴含的规律在不断地演变着。

行业生命周期图本身，对于企业来说，演示的是趋势的外衣，而非趋势本体。因为等到看到这张随时间变化的行业发展周期中由全貌数据而描摹出的线图时，一切都已过去，但是，如果能获得一部分延续到当前的行业发展阶段性数据，我们就可以计算其变化率，提前感知趋势的到来。这就是基础数据之所以很重要的原因。

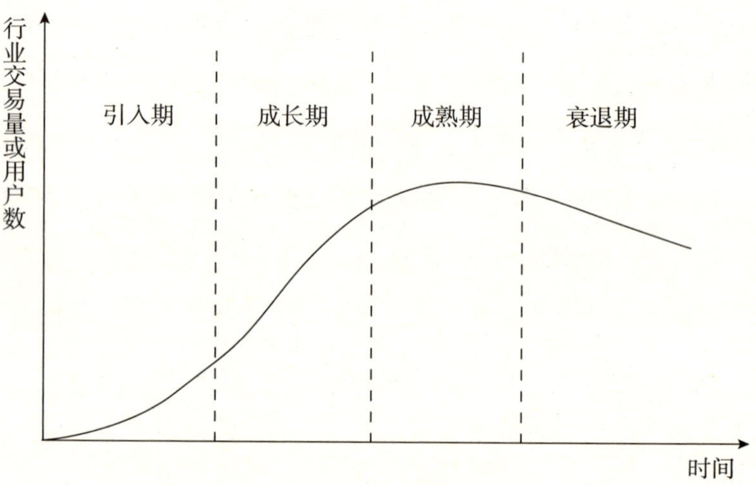

图 2－1　四时段 S 形曲线

如果我们按照行业生命 S 形曲线的数据分布规律，模拟给出以年为单位的，如图 2－1 所示的一连串市场上人们可以观察到的某行业或能代表行业的某公司销售数据，那么，基于图 2－2 数据的图 2－3 变化率数据就能轻易得出。

年份	2005	2006	2007	2008	2009	2010	2011	2012	2013	2014	2015
订单量（亿元）	10	12	15	25	45	65	80	90	85	75	50

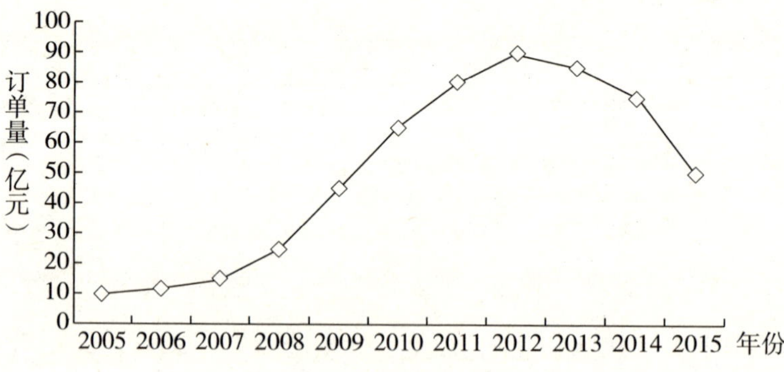

图 2－2　某行业 2005—2015 年销售订单量

年份	2005	2006	2007	2008	2009	2010	2011	2012	2013	2014	2015
订单量（亿元）	10	12	15	25	45	65	80	90	85	75	50
同比变化率（%）	—	20.00	25.00	66.67	80.00	44.44	23.08	12.50	-5.56	-11.76	-33.33

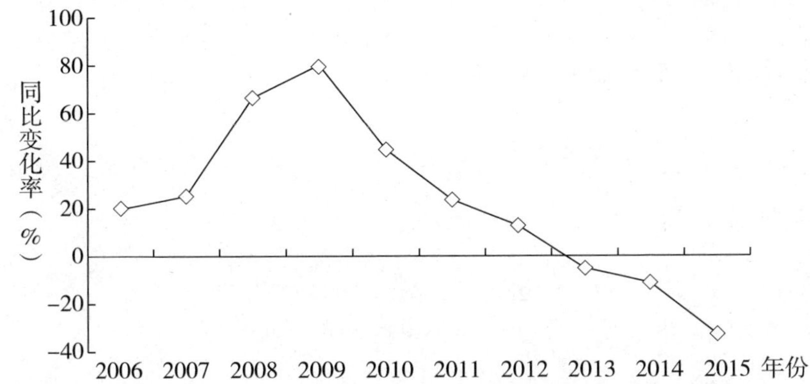

图 2－3　某行业 2005—2015 年销售订单量及同比前一年增长变化率

图 2－3 中增长拐点出现在 2007 年，变化率最高值出现在 2009 年，都比图 2－2 中增长拐点对应的 2008 年和销售量最高值出现的 2012 年的时间点要提前到来。

无数实例显示：在行业发展的增长拐点前后，是我们企业大展拳脚的良机。这就是行业趋势的判断基础点。因为这段时间，无论是从企业所需要面对的竞争多少、销售业绩成长快慢、摸索市场需求和调整业务流程等所需要额外消耗的资源多少等方面来看，都有利于企业的生存与发展。对于“拐点”到来时间点的测定，为准确把握“趋势”奠定了坚实的基础。

所谓“趋势”，是一个事物发展演变的方向及变化快慢情况。其核心标签是“方向”及“变化快慢”，或曰“变化率”。

对于企业来说，没有比能准确判断趋势变化而选择行动的能力更重要的了。即使我们获得的数据不是一个行业生命周期内的完整连续数据，但只要我们拿到了一部分的连续数据（可以通过市场调查，或搜索引擎获得行业数据），利用变化率曲线就能提前观察到趋势，从而把握选择进场创业或退场另行选择的时机。这比习惯于通过观察静态数据发现行动机会者所获得的时间提前了不少，而价值高显。

2. 如何判断行业趋势

了解了行业生命周期及行业基础数据后，如何有效判断行业趋势呢？我们认为程序如下：

第一，收集并细化行业的基础数据，绘制趋势曲线。行业数据有很多来源，包括国家统计局、行业协会、市场调研公司等。

第二，分析行业整体的增速变化以及绝对值的变化。增速持续增长，往往是行业发展势头正旺的表现。如果增速减缓，很可能就是行业趋向成熟。

第三，是否出现新的细分市场，哪怕是规模很小的市场。如饮料市场，最开始果汁饮料只是很小的品类，但仅仅几年时间，就成长为一个很大的品类市场。

第四，政策面是否有利好或利空的消息。政策对于行业的走势有很重要影响，特别是政府采购是一个很大的市场。

第五，典型企业的经营业绩。除了行业面，我们还要看行业中典型、明星企业的经营业绩，它们一般更能代表行业的发展势头。

第六，客户调研访谈。客户是行业发展的最终决定力量，不论做怎样的分析，都不能不去了解客户的需求、客户的感受。从细微处看趋势，是最重要的。

通过以上这六大方面，基本可以了解到一个行业的发展趋势。

3. 除此之外，还有需要注意的细节

细节一：必须要从国家政策大方向、战略方向去分析一个行业的前景。

分析一个行业，首先要看国家的政策大方向，这个行业所处的大环境。比如，党的十八大作出深化开展改革的重大决策。重点发展战略性新兴产业及航天军工。所以与改革密切相关的一些战略新兴产业将长期受益，前景广阔，比如绿色能源、节能环保、环境治理、4G、智能设备、航天军工等相关产业。很多好的行业都是靠政府去推动的，所以我们看一个行业，一定不能抛开这个行业所处的政策环境。“站在风口浪尖上，猪都会飞”就是这个道理。

具体分析时，多关注国家发展和改革委员会的官网、国家产业政策网站、人民网、各大财经网站，了解国家的一些产业政策。

细节二：要懂得看这个行业的规模。

关注一个行业，也要思考这个行业的规模。行业圈子大（比如服装、医药），意味着这个行业可以无限深入扩张，你的选择机会就越大，在这个行业有更多的发展机会。行业圈子小，意味着一旦你离开某个公司，或者某个地区，你的选择机会就会小很多。

判断一个行业的规模，可以看这个行业所服务的用户群是大众用户还是某一类特殊用户群。可以看这个行业是否有地域限制、看这个行业的产值规模。一般有机构公布相关数据。

细节三：学会看这个行业的上市公司股票走势及一些相关经济指标。

股价是行业景气度的先行指标。上市公司的估价走势在一定程度上反映了这个行业未来的景气程度。

这些相关的数据和经济指标，可通过炒股软件、国家统计局官网等查找到。

另外，某些行业可通过一些经济指标来分析行业的景气程度。比如有色金属行业可通过美元指数走势来反映。发电量的变化在一定程度上反映了制造业的景气程度。房屋销售情况数据，可以反映出与之相关的家居装饰、建材等行业的增长情况。

细节四：可以从这个行业的龙头公司及行业顶尖人物言论来分析。

了解一个行业，要了解这个行业的龙头公司有哪些，有哪些关键人物。多关注他们的一些发言、演讲、微博、博客。因为他们在这个行业中具有一定的话语权，他们的一些看法往往代表了整个行业的发展方向。

比如电子商务，最重要的无非是腾讯、百度、阿里巴巴、小米等几家公司，与之相对应的代表人物无非是马化腾、李彦宏、马云、雷军等几位企业家。他们的关注点往往反映在他们的一些言论上，比如关于电商的未来发展方向。所以你会看到这几位教父级人物，之前的很长一段时间，一直在大谈移动互联网。

案例分享

置景抓住新风口“VR”

未来的行业市场趋势中，VR（虚拟现实技术）是一个重要的趋势表现。

从2015年至今，已经有很多互联网公司和厂商们进入了这个领域，像互联网企业百度、腾讯、阿里巴巴，硬件公司HTC（宏达电子）、华为、小米等纷纷在VR领域布局。大家在VR方面的投入毫不手软，这项虚拟技术也受到了广大用户的关注，到底是什么促使VR蓬勃发展呢？

(1) VR是什么？

VR，即Virtual Reality，中文叫虚拟现实，是利用运算平台模拟产生三维的虚拟世界，让使用者脱离现实世界，即时、没有限制地感知虚拟空间内的事物。VR 设备通过视觉、听觉、触觉、嗅觉、味觉等对人体进行全方位“欺骗”，达到让使用者“身临其境”的效果。

（2）VR 现在为什么这么火?

一件产品之所以会火必然有一定的商业价值，有人曾说，VR 有可能是下一个终端平台之一。至于 VR 现在为什么这么火，我们觉得主要还是在于用户体验。在 VR 世界里，用户可以通过视觉、听觉、触觉等感官享受身临其境般的感觉。而它又不同于普通 3D 电影带来的单纯视觉上的“立体”景象，VR 更强调沉浸式与互动式。在 VR 所创造的虚拟世界中，用户不仅可以朝任意一个方向看到对应的景象，还能朝该环境中的任意位置移动，甚至可以进入建筑物内部，实现人机交互体验。

（3）市场的新宠儿：置景 VR

从前期策划到 VR 建模，从创意到画面，从文字到配乐策划、拍摄、后期，置景 VR 掌控所有核心战斗力，在这个市场大趋势中，置景 VR 掌握了天时地利人和的所有条件，成为了市场的新宠儿!

VRwaibao 置景（上海）科技有限公司由一群有着商务与技术专业经验的国内及国际人士成立，专注提供企业 AR（增强现实技术）/VR/MR（混合现实）应用解决方案服务。

2016 年 9 月 VRwaibao 更获得同业青睐，荣膺中国 VR 虚拟现实产业创新联盟核心成员，担负起联盟 VR 内容总技术支持的角色。

（4）置景 VR 强在哪里?

从 1801 年黑板的发明，教育工具便不停地更新换代，那么，现在进入 VR 时代，VR 教育的教学理念怎么实现?

学生在老师的指挥下戴上 VR 眼镜，有序地虚拟飞向太阳系中的特定星体，身临其境地观察太阳和每一颗行星，学生在无形中掌握了所需的知识。“VR眼镜实在太神奇了，我感觉自己像置身外太空的宇航员，轻轻转动头部就可以‘飞’向任何一颗行星！”VR可以从多方面满足学生的需求。教育，需要好老师、好内容、好方法，当然还要有好技术。利用AR、VR技术的仿真和交互特性，将抽象而晦涩的知识更全面、更生动地呈现，以沉浸式体验来提升学生学习兴趣，这是置景VR的技术实力所在。

置景VR与医疗的结合会是怎样的体验？置景VR会使得我们的就医、学医过程变得更加便利，全包裹式头显将这种感觉提升了不止一个层级。无论是虚拟培训还是康复治疗，都可以利用置景VR出色的沉浸式体验来完成。既有的医疗技术与产品通过VR或AR技术，可以帮助医师、医护人员、病患及家属对所需要的医疗知识等相关内容进行教学，做到学习更快、效果更好、了解更直观。

除此之外，置景VR还在各行业领域不断提升技术融入，得到了腾讯、华为的青睐。在大型展会上，置景利用了VR把实体数据中心搬到会议现场，吸引了很多的客流量，让更多的投资者纷纷来访。这一切的成功，来自于置景在前期行业趋势的判断和选择上做了正确的决定。

第二大挑战：团队人才无法聚集

现在很多企业招不到人，招到人又留不住人，留住人又留不住心；花费很多心血和精力培养的核心骨干说跳槽就跳槽，甚至还有另立门户和老东家唱对台戏的现象。这些现象和困惑成为企业老板聚会必谈的话题，成为企业发展的重要挑战之一。很多老板问：有没有方法可以解决这些问题？到底能不能构建核心团队？如何聚集团队人才？

1. 学会站在人才的角度看问题

其实，这些问题想要从根本上去解决，企业就必须站在员工角度去思考一下。如果你是员工，你是人才，你在选择企业工作时，你到底会关注什么问题？会关心哪些事情？

（1）看老板。

当别人向我们咨询如何选择一家企业作为自己的发展平台时，我们对他说的第一句话往往是：看老板！

老板代表着企业，一言一行都会渗透到企业的经营管理当中去，他的思维和观念决定着企业的发展方向，他的思想、学识、信仰、气魄、抱负、性格、品德等都是构成企业文化的基本元素。这一切不仅决定着企业的兴衰成败，同时也是决定一个人能否真正融入这个团队的主要因素。一个人要想成为一个团队的合格成员，就必须认可这个团队的文化。我们把这段话的中间部分省略掉，就变成了：一个人要想真正融入一个团队，就必须认可团队的首领，也就是老板。

中国有句古话叫“以德服人”，一个老板要想得到下属发自内心的敬仰和佩服，首先要养德。这个“德”包括胸怀、气魄、抱负、品格、智慧等多方面的因素。

一个本身“无德”的人通过巧取豪夺、阿谀奉承、贪污贿赂可能掌握很多财富，但其绝不会建立起一个拥有长远发展前景的企业。一个品德高尚的老板所拥有、支配的企业即使暂时走入困境，但其往往会得到很多人的支持，最终成就大业。

因而，与“有德的老板为伍”应该是人才的第一选择！

（2）看发展。

人才选择企业，第二要看发展。

发展包括两个方面的内容，一是要看企业的发展前景及发展潜力；二是要看自身在企业内部的发展空间。

市场经济环境下的企业间竞争是异常激烈，甚至十分残酷的。一个企业置身于激烈的竞争之中，如果没有明确的发展目标和发展方向，最终会被激烈的竞争所吞噬。所以一个人在选择一家企业作为自己的发展平台时，企业的发展前景及潜力是一个重要的考察内容。

"人往高处走，水往低处流。"一个企业要追求发展，而其每一位员工在为企业服务的过程中，也必然要追求自身的发展。因而，一个人才在选择一家企业的时候还要考虑自己在进入企业后，是否有足够的上升空间及更好的学习、提高的机会。

（3）看待遇。

人性中总是有自私的一面，特别是在物质方面。一个人才为企业做了工作就要获得相应的报酬，这个报酬就是员工在企业工作享受的待遇。待遇不仅是员工维持正常生活、工作的物质保证，同时也是员工工作价值的物化表现。员工不仅要利用企业提供的待遇满足自身不断提高的物质和文化生活的需求，同时通过企业给予的待遇来衡量企业对自己价值的承认程度。合理的待遇是员工努力工作、快乐生活的源泉和动力之一。

（4）看环境。

愉快的工作环境、良好的人际关系、适时的鼓励与表扬都是人才择业时要考虑的主要问题。良好的环境能积极、有效地提高员工的工作积极性和工作热情，是打造一支无敌团队必不可少的因素。为什么苹果要把自己的公司装修得那么高大上？为什么阿里巴巴要把自己的公司装修得那么豪华？都是有原因的。

以上就是我们站在员工的立场上，对员工需求的简单分析，一个企业要想聚集和留住人才必须从这几个方面入手，为人才创造一个良好的发展平台，真正使人才得到从物质上到精神上的满足。

一般来说，一个人才选择了一个企业作为自己各项才能的发挥平台，就希望把自己的前途和命运与企业紧紧捆绑在一起，随着企业的发展使自身也不断发展与提高。因而，企业也要切实把握各层次人才及其在各个发展阶段的需求，努力创造条件，使他们在良好的环境中及安全的心态下获得工作的乐趣及发展带来的成就感。这就是企业聚集团队人才的秘诀。

2. 了解团队核心人才的需求类型

刘备三顾茅庐，是以诚意打动人。不过光有诚意还不够，还要知道对方心里真正想要的是什么。在人才战打得响亮的地产界，大腕们是这样做的。

合生创展的老板朱孟依，当年想在北京开拓一片天地，于是找到了谢强。谢强提出三个条件：第一，做三年总经理；第二，宣传形式必须符合北京的房地产企业；第三，开发必须适应北京本土化。朱老板全部首肯，充分放权。此后的两年半，谢强先后拿下了5500亩土地，开发了五个大项目，为合生创展在北京的发展打下了扎实的根基。

万科的王石，亲自面试郭兆斌。他对郭兆斌说了一句话：你来不来对我们公司影响不大。这句话激得踌躇满志的郭兆斌立刻加入万科，后来郭兆斌为万科的发展做出了巨大贡献。

还是王石，为了让犹豫不决的刘爱明加入万科，扯掉吊瓶从医院跑出来和刘爱明见面。刘爱明感动之下，终于选择了万科，选择了王石。

从这三个事例，可以发现一个道理：不同的人才有不同的需求，既可能是物质的，也可能是心理的。谢强需要充分的自主权，郭兆斌需要激励与挑战，刘爱明需要尊重与信任。若要吸引人才，就要满足他们特定的需求，打动他们的心。

有一个人才方面的概念叫“员工价值主张”，可以用在团队人才聚集的方法上。员工价值主张，实际上是用于衡量员工付出与回报的一个心理度量指标。它包括两个方面，一是“给”，二是“得”。如果员工认为他的“所得”抵得上或者超出了他的“付出”，他对企业的满意度和忠诚度就更高。员工价值主张“得”的方面，是吸引人才中要着重考虑的。一个打动人心的员工价值主张，能够吸引到所期望的特定的人才。

根据员工价值主张，可以将团队核心人才分为四大类。

第一类人，期望与成功者共事。这类人才希望在一家成功的企业供职，在这里寻求发展和提升技能的机会。他们不太在乎企业的使命和地理位置。

第二类人，期望高风险与高回报。这类人才将报酬和晋升看得比企业的成功或者个人的实际发展更重要。

第三类人，希望扮演拯救者的角色。这类人才需要一个崇高的使命，他们喜欢挑战，对薪酬等则看得较轻。

第四类人，更看重生活方式。这类人才喜欢有弹性的、灵活的工作，比如多样的生活方式、灵活的工作地点，还有与老板的和谐共融。

每一类人期望从未来东家那里得到的东西都不尽相同，不过他们也有共同的关注点：企业文化、价值观、自主权。

你期望的人才是哪一种呢？找出他的类型和需求，向他提供他所希望在你企业获得的价值。然后，人才就是你的了。

3. 中小企业如何吸引人才

大型企业都有专业的吸引人才的方法，而大多数中小企业缺乏人力资源的规划，再加上并没有大企业的资金及环境去吸引高级人才。因此，中小企业在吸引人才上相对比较困难，中小企业对于人才来说，是“不稳定”和“没有保障”的代名词。

虽然中小企业在吸引人才方面困扰较多，而且大部分是企业不能避免的，但与一些大企业相比，中小企业也有它的优势。比如，人才在中小企业发展的空间大，容易发挥个人的特长，体现自己的能力等。

因此，我们认为，中小企业在吸引人才方面，除了以上要传达的之外，还需要注意以下三个细节。

细节一：学会内部发掘与培养。

优秀是可以培养的品质，而中小企业，是培养优秀人才最好的沃土。对中小企业来讲，传统意义上优秀的人才未必适用，我们更需要肯学习、肯出奇招、肯打破常规、不断颠覆创新的人，而不是将某套经验练得炉火纯青再固化传承的人。

细节二：懂得适当“画饼”，卖梦想。

“画饼”是对公司愿景蓝图的展示，包括企业价值观的传递和项目前景的构建描述。虽然有一点形而上的意味，但对中小企业团队来讲至关重要，它能有效凝聚军心、鼓舞士气。

试想一下，当你的员工认同你的价值理念，认可你的商业模式和市场前景时，他会认为他的付出和努力不再是为了老板，也不只是为了工资、为了养家糊口，而是为了实现自我、收获梦想、对社会有所贡献甚至改变世界……这个时候，根本不用你拿“皮鞭”，他们也会自我鞭策卖力工作。

当然，把饼画好也是需要条件的，首先是老板的管理乃至个人魅力确实具备可塑的良好基因，其次是公司的成长速度要高于员工个人的成长速度，这样才能真正留住人才。

细节三：适当考虑合伙人机制，扁平化管理。

如果“画饼”是形而上的蓝图，那合伙人机制就是实实在在的激励。所有老板都希望自己的员工每天积极努力地工作，那就一定要让员工认为他是在利用平台的资源为自己干活儿。合伙人机制除了能激发员工的主人翁意识，强调合作关系而非雇佣关系外，还能很好地提升员工的个人成长速度。

第三大挑战：发展资金无法解决

企业的发展会面临许多困难，其中一个关系到企业生存的“瓶颈”，就是发展资金的问题。尤其是中小企业，发展资金时刻都处于紧张的局面之中，融资问题急需解决。

1. 为什么中小企业发展融资难

首先，这一问题具有先天性。中小企业普遍存在规模较小、管理不够规范、经营变数多、竞争能力较弱、信用能力较低以及存续时间短、贷款风险大等问题。

其次，由于资金的“零售”比“批发”的成本高，相应的“价格”也较高，这就进一步增加了中小企业融资的难度。

再次，还有一部分中小企业技术落后、管理水平低、财务制度不健全，它们逃避债务，甚至利用淘汰设备，以严重环境污染为代价生产低劣产品。在这种情况下，又怎么能建立起中小企业良好的信用形象呢？

最后，这也是金融体制滞后的反映。从间接融资方面看，无论是国有商业银行的信贷管理体制还是具体业务都存在不利于中小企业融资的制度。国有商业银行注重对大企业的服务，在支持中小企业发展的货币政策方面存在着诸多不足，没有充分发挥商业银行分支机构支持中小企业发展的主导作用。

目前国家相关银行贷款发放比例里，贷款的第一大趋向是政府融资平台；贷款的第二大趋向是国有大企业；贷款的第三大趋向是房地产公司，个人贷款（主要是房贷）；贷款的第四大趋向是跨国性大公司和大型民营企业。相关数据统计：占企业总量仅有 0.5% 的大型企业拥有 80% 以上的贷款；占有 99% 的中小企业的贷款份额不足 20%。

大部分中小企业融资不容易，一般都是通过地下钱庄、私募基金、担保公司、投资公司等来获取企业发展需要的资金，但融资成本相当高昂。

近年来，从中央政府到地方政府，都极为重视中小企业的融资难题，提倡综合利用政府资助、资本市场、创业投资、科技贷款、发放债券等方式加强对于中小企业的融资支持。但因为种种原因，尚未建立完善的中小企业融资制度。

2. 中小企业如何有效选择融资渠道，解决发展资金困难问题

（1）按照融资的时间长短来分，中小企业的融资种类分为中长期融资和短期融资。

1）中长期融资占用资金较长，主要通过股权融资和银行借贷来解决。

2）短期融资主要用来解决企业临时周转资金，期限较短，主要通过典当、小额贷、民间借贷来解决。

（2）中小企业融资渠道选择，如表 2－1 所示。

表 2－1　中小企业融资渠道选择

第一类	债权融资模式	国内银行贷款 国外银行贷款 民间借贷融资 信用担保融资 金融租赁融资

续 表

第二类	股权融资模式	股权出让融资 增资扩股融资 产权交易融资 风险投资融资 投资银行融资 私募股权投资 买壳上市融资 境外上市融资 挂牌托管融资
第三类	内部融资和贸易融资	资产管理融资 资产典当融资 补偿贸易融资
第四类	项目融资和政策融资	项目包装融资 高新技术融资 BOT（建设—经营—转让）项目融资 专项资金融资 产业政策融资

依据调查分析，在各类融资渠道中：

1）银行信贷占主流方式。

目前银行贷款还是中小民营企业外部间接融资的主要渠道。抵押贷款成为中小民营企业贷款的主要方式。银行倾向于保证贷款，信用贷款越来越少。在保证贷款中，抵押贷款的比重日益提高。

2）民间融资是融资的重要渠道。

拿中国民营中小企业较多的浙江省来说。浙江省是中国私营经济最发达的地区，民间借贷历史悠久，在缺少外源资金注入和正规金融供给不足时，民间融资成为其发展的唯一选择。据中国人民银行杭州中心支行估计，整个浙江省民间融资 1300 亿元 ~ 1500 亿元，2006 年金融机构本外币各项存款余额 25005. 9 亿元，各项贷款余额 20757. 8 亿元，民间融资占存款的5.5%、贷款的7.5%。

（3）商业信用是中小企业选择融资的第三选择。

据一项对中小民营企业的调查显示，商业信用，即应付款在企业外源融资中的比例平均为23.1%，仅次于银行贷款和民间融资。企业间相互拖欠货款的信用状况总体上是比较好的，63.75%的企业认为熟悉对方企业内情，可收回货款，风险不大。应付货款虽然成为民营企业短期融资的一部分，在应收应付关系中，由于与大企业相比处于弱势地位，所以中小企业被大企业占用资金的情况较为普遍，因此，对上述被调查民营企业的汇总报表显示，平均应收账款是应付账款的3.7倍。

3. 不同的发展阶段，中小企业应该诉诸不同的融资渠道和方式

企业的生命周期大致分四个阶段，不同的阶段应当寻求不同的融资手段，如图2-4所示。

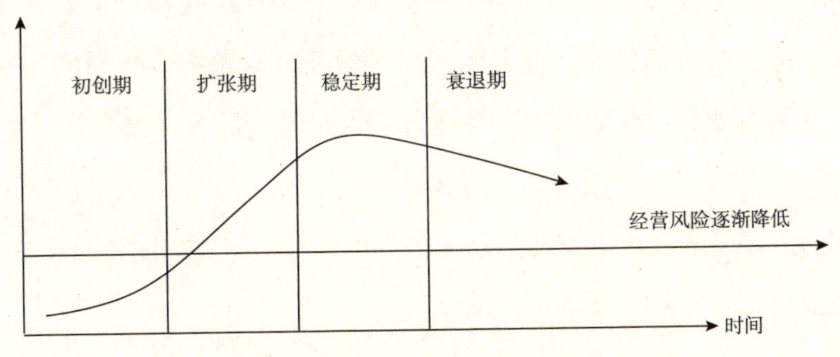

图2-4　企业生命周期的四个阶段

（1）初创期的企业主要融资方式。

这个阶段的中小企业或项目大多市场前景不够明朗，没有足够的盈利能力，但它们所推进的项目具有技术创新、产品创新、服务创新或市场创新的特点，可能在未来形成巨大的商业价值。

因此，这个阶段采用的融资方式是：

3f 融资：家庭、朋友、创业者。

企业上下游商业融资。

内部融资（团队融资）。

典当融资：利用家庭或创业者的资产进行抵押融资。

融资筹划：积累固定资产、合理配置资产结构。

除此之外，这一阶段，内部融资优先于外部融资，可通过出售使用效率不高的资产获得必要资金，采用附有购买选择权的租赁方式租用资产；同时，灵活机动地争取外部资金，其中“风险投资”是最佳融资选择。当前在创投领域，政府引导基金开始发挥越来越重要的作用，随着中央以及各地方引导基金的设立，其对中小型创业企业的资本支持力度将越来越大。

（2）扩张期的企业主要融资方式。

在这一阶段，企业的产品或服务开始被市场所接受，销售额与利润开始增长，市场规模与发展前景逐步明朗化，投资风险逐步降低。这个阶段企业迫切需要扩大再生产，迅速抢占市场份额，这都需要大量的增量资金支持，除了企业自我积累的部分资金外，大量的增量资金需要外援支持。

因此，这个阶段采用的融资方式是：

银行：适合较长时间的贷款。

典当：适合短期贷款。

企业上下游商业融资。

非银行金融机构融资，如信托、融资租赁、小额贷款等。

股权融资、资本运营。

积累固定资产、合理配置资产结构。

这一阶段要力争金融机构的信贷支持，如仓单质押贷款、货权质押贷款、商铺经营权质押贷款、银票质押担保贷款、信用证担保贷款、企业法人周转经营贷款、应收账款质押贷款等。同时，创业投资、融资租赁在此扩张时期，具有普遍的适用性。比如，通过融资租赁的经营方式，用少量资金取得所需的先进技术设备，然后边生产边还租金，达到加速投资、扩大再生产的目的。

（3）稳定期的企业主要融资方式。

这个阶段，企业在市场上站稳脚跟，树立了一定形象，积累了一定资产，竞争者大量加入，产品与市场进入成熟期，销售增长平缓，竞争激烈，利润水平被众多企业所摊薄。

因此，这个阶段采用的融资方式是：

银行：适合1年以上的贷款。

典当：适合应急贷款。

企业上下游商业融资。

非银行金融机构融资，如信托、融资租赁、小额贷款等。

股权融资、资本运营。

这一阶段，可广泛利用资本运作的方式获取资金。

案例分享

他们是如何解决发展资金问题的

（1）腾讯控股

1998年其注册资本仅为50万元，2000年，美国国际数据集团和香港盈科共投入220万美元风险投资，分别持有腾讯控股总股本的20%，马化腾及其团队持股60%。2001年米拉德国际控股集团公司投资腾讯。2004年腾讯在中国香港上市，腾讯控股公司市值达到60亿港元。

（2）蒙牛

1999 年蒙牛成立，5 年增长 200 倍，6 年实现销售收入达到 200 亿元。摩根士丹利、英联和鼎晖三家国际机构分别于 2002 年和 2003 年分两次向蒙牛注资 2 亿元。2004 年 6 月，蒙牛于中国香港上市，融资 14 亿港币，创造了 5 个亿万富翁、10 多个千万富翁。

（3）浪潮国际

浪潮国际在香港 IPO 发行期权 8000 万股，行权价格 0.3 港币/股，市场价格最高 6.3 港币，期权最高增值 4 亿港币，实现股权增值。

（4）衰退期的企业主要融资方式。

这一时期，企业要力争在证券市场上获取资金。此时，企业提供的产品已不能满足日益发展的市场需求，利润率开始下降。企业可通过出卖商誉、与其他企业联合或被兼并收购等方式，获取股本套现，并开始新一轮创业。可通过在证券市场发行债券或股票筹集资金；同时积极与银行等金融机构沟通，努力争取企业二次创业期的早日到来。

（5）新三板和新四板（股权托管中心）。

除了以上所列举的渠道以外，国家还有一个针对中小企业的快速融资政策——新三板和新四板（股权托管中心）。国家对于新三板和新四板（股权托管中心）的支持力度可以说是空前的。不论是中央还是地方都在积极地推进中小企业在新三板和新四板（股权托管中心）上挂牌，企业在新三板和新四板（股权托管中心）上挂牌之后，有可能还会获得政府上百万元的财政补贴。同时在新三板和新四板（股权托管中心）上挂牌之后可以扩大公司名气与品牌，让更多的投资者知道。如果有投资者看中公司的发展潜力，那么外部投资资金将源源不断地给公司输血，这将给企业的发展带来充足的资金支持，保证公司的大发展。

在新三板和新四板（股权托管中心）上挂牌是除银行贷款、个人投资外的新融资途径。而且这个途径将比银行贷款和个人投资获得的更快更多。如果你想让企业拥有充足的运作资金，如果你想让企业做大做强，那么就考虑一下让自己的企业在新三板和新四板（股权托管中心）上挂牌。

4. 中小企业融资发展时需要注意的细节

由于目前有很多所谓的全国投资机构并不具备投资实力，并且往往要求企业前期完成商业计划书制作、评估等一系列手续，花费很多费用，因此企业如何正确判断投资方的实力是很重要的问题，切不要病急乱投医。我们建议按如下步骤判断。

（1）该投资机构是否为国内外有名的投资机构，在国内是否有众所周知的投资项目，若是，则可提高对其信任度。

（2）该投资机构是否在融资方所处的行业内有过投资，或希望新进入该行业，若是，则可提高对其信任度。

（3）从业人员素质，著名的投资机构均聘请高学历、对目标行业认识深刻的投资分析人员。若投资方接洽人员学历较低，经验较少，成功可能性很低。

（4）看该投资机构要求的投资回报，国内一般私募融资的成本都很高，若以股权方式融资，通常要求财务回报率高于15%，部分要求在25%以上。若以债权方式投资，目前投资者一般需要资金成本年利率在10%以上，通常在15%以上，若投资机构要求的利率低于10%，而且不需要其他资产抵押，则基本上无须再谈下去，因为国内没有这么低的私募融资成本。

有些中小企业经营者不了解国内的私募融资市场，相信部分“外国投资者驻中国分支机构”会开出很低的利率（5% ~7%，并且不需要抵押），但实际上，国外的私募融资成本也很高。举一个非常简单的例子，合生创展2012年发行7年期3亿美元债券，债券票面利率和中标收益率均为8.125%，如果该外国投资者真的有资金，他为何不购买该债券，而要投向融资者的项目，毕竟一般来说投资项目的风险比投资债券高得多。

第四大挑战：商业模式无法构建

像腾讯、阿里巴巴、百度、苹果、星巴克以及亚马逊等这样的企业，虽然它们提供的产品或服务完全不同，但其成功却有惊人的相似之处。这些企业不仅仅局限于满足消费者需求，而且致力于开发全新的市场空间，引领着市场潮流。它们是价值创造的革新者，以全新的理念挑战现有的既定目标，创建出企业可持续发展的商业模式。

正如《德鲁克日志》中所言：“当今企业之间的竞争不仅仅是产品之间的竞争，还是商业模式之间的竞争。”这是因为独特的商业模式不仅是一个企业生存立足、持续发展的关键，而且还是企业获得利润回报的基础。

据《科学投资》杂志调查显示，在创业企业中，因为战略原因而失败的只有23%，因为执行原因而夭折的也只不过是28%，但因为没有找到商业模式而走上绝路的却高达49%。没有一个合理的商业模式，不管企业名气有多大、资产有多少，也必定走向衰亡。商业模式是关系到企业生死存亡、兴衰成败的关键一环，企业要想获得成功就必须制订适合该企业的商业模式，新成立的企业是这样，发展期的企业更是如此。商业模式是企业竞争制胜的关键。

1. 什么是商业模式

什么是商业模式？我们举个例子，大家就清楚了。

我们知道，红星·美凯龙是一个家具城，其实你只看到了表面。红星·美凯龙现在有三个身份。第一个是零售公司，就是卖家具的。第二个是地产公司，类似麦当劳占地为王，收租金。第三个就是金融公司，准确地说叫类金融公司，有点跨界经营的性质。它的东西卖了钱不马上给客户付费，押三个月，它用这些钱去做房地产，做金融投资。所以，红星·美凯龙是一个类地产公司、类金融公司，最后才是零售公司，醉翁之意不在酒。大家从这个层面就可以看出来，它突破了专业化的概念，创造了新的客户价值点，缔造了一个全新的商业模式。

因此，所谓商业模式，即以价值创造为核心，描述企业如何创造价值、传递价值和获取价值的基本原理。具体而言，即为了实现客户价值最大化，把能使企业运行的内外各要素整合起来，形成一个完整的、高效率的、具有独特核心竞争力的运行系统，并通过提供产品和服务，达成持续赢利目标的整体解决方案。

案例分享

倪恩集团国内首创“互联网+运营+资本”的投资商业新模式

大健康医疗领域，这个曾最被看好的创业蓝海，如今正经历一波大洗牌。在经过前几年资本追捧的热潮后，如今该领域的公司们在激烈的市场竞争中需要面对“市场发展方式是否创新”“商业模式是否成立”“投入产出是否合理”“团队是否稳定”等各种质疑声浪，该领域的投资机构更是趋于理性，举棋不定，害怕往前一步，就是“深水区”。然而，倪恩集团首创“互联网+运营+资本”的投资商业新模式，为该领域的投资提供了全新的发展方向，值得大多数企业学习。

倪恩集团是一家独具“互联网+IP创新”大健康类投资管理公司，它专注于“大健康+医疗”的产业全品牌打造系统投资，以及为投资人提供更好的企业转型、全方位的互联网投资经营策略、多维度的用户思维设计、内容IP品牌打造、全渠道营销系统等服务。

倪恩集团旗下拥有牛途IP品牌策划平台、粉汇广告传媒、喜恬咨询管理、倪恩创投等多家子公司，目前均已开展独立运作，并已打造多家大健康类单品过亿元品牌并登陆资本市场。

倪恩集团之所以能够成功，原因在于它的服务系统。它在互联网、运营、品牌打造、客户开拓、投资融资等方面都具有优势，并且构建了大健康医疗领域的平台，未来会在大健康医疗领域做深度延伸。

假如你是一家大健康医疗领域的公司，手中握着强悍的技术。那么，倪恩集团将会是你最好的合作伙伴。倪恩集团不仅仅能够为你带来融资，更会运用自己的强项“互联网+运营+品牌IP打造”等多渠道和方式为您保驾护航。

比如，倪恩集团旗下的粉汇传媒，就是一家中国最专业跨平台粉丝精准营销机构。它基于倪恩集团推行旗下多品牌微营销，拥有年投放5亿元的广告投放实战经验，总结出“官网导流模型”“个人微博加粉模型”“网红内容软文传播模型”等多个微营销网友行为模型，不断丰富其微营销精准传播方法体系。具有“投放快速、流程简易”“账号众多、覆盖广泛”“账号细分、精准传播”“灵活投放、性价比高”的快、广、准、廉四大特点，能够为企业在市场宣传方面提供很好的落地解决方案。

除此之外，倪恩集团的子公司还会在其他模块辅助企业的成长。只要你想在大健康医疗领域发展，找倪恩集团合作，必定会有所收获。目前，倪恩集团已帮助多家企业成长。

2. 商业模式的基础要素

对于商业模式可视化的呈现，哈佛大学商学院教授克莱顿·克里斯滕森给出了满意的答案。表 2－2 是克莱顿·克里斯滕森教授推崇的商业模式的核心要素。现在很多机构及专业人士都在畅谈商业模式，但是商业模式的核心离不开以下基础。搞懂商业模式的核心基础，商业模式就不难构建。

表 2－2　　商业模式核心要素

商业模式要素	具体可视化理解
客户价值主张	你能给客户带来什么价值
盈利点	给客户带来价值之后，你怎么赚钱
关键资源	你有什么资源和能力能够同时带来客户价值和公司盈利
关键流程	你如何能同时带来客户价值和公司盈利？流程是什么样的

3. 企业如何构建自己的商业模式

不同规模的企业、不同状态的企业、不同行业的企业、不同类型的企业都有着不一样的商业模式，但又遵守着许多共同的商业规律。因而，商业模式也永远是共性中有个性，个性又符合于共性的。

按企业的状态来看，有创业型企业、成长型企业、成熟型企业、扩张型企业。

（1）创业型企业的商业模式如何构建。

创业型企业最重要的是在创业前一定要先设计好商业模式。这是中国创业者们最容易忽略的一关。由于创业冲动，许多创业者只考虑投资创业的两大要素：钱和事。要么是“拿钱找事”，要么是“拿事找钱”。至于如何发展，往往讨论不够，分析不够，经常导致血本无归。即使很多后来成功的企业，也是在稀里糊涂成功以后，才回过头来认真琢磨商业模式。

企业创业者除了要考虑商业模式的基础要素之外，还需要从以下几个方面去分析商业模式，并不是简单地做可行性分析报告。

首先，要看投资或创业的企业是制造业、流通业，还是服务业。如制造业的基本商业逻辑是“供应—生产—销售”，服务业的基本模式是“采购—销售”。

其次，要研究市场：即你生产、服务的产品市场有多大、在哪里，你的市场是为哪个层面的客户提供服务。

再次，要研究竞争对手：即在你的地区、你的市场、你的产品（服务）、你的客户群体内，有哪些竞争对手，这些竞争对手有什么优势，有什么劣势。

最后，才是根据外在分析，设计创业的商业模式。

案例分享

金六福的逆袭之路

国内著名白酒品牌“金六福”的商业模式就非常值得我们学习。新华联集团在投资白酒业的时候，中国白酒市场已经非常成熟，群雄纷争，分食着中国全国性和地方的白酒市场。一些著名品牌长盛不衰，假冒伪劣也打不倒，新创品牌此起彼伏。如果用传统商业模式，投资建窖地、做配方、发酵、酿酒、出售、占领市场、打出品牌，会有很大的风险，投资量大、投资周期长，而他们又不擅长白酒的生产、经营、管理。于是，他们采用“借鸡生蛋”的商业模式，踩着巨人的肩膀，与中国白酒第一品牌五粮液合作。自创品牌又不生产一瓶酒，连一个酒盖都不生产，并在营销上下功夫，建立了庞大的销售体系，获得巨大成功。固定资产连一家小酒厂的规模都没有，却拥有年20亿元的销售额。

金六福的商业模式的精妙之处在于：将五粮液成功的一切“据为己有”；不做大量固定生产投资，可根据自己的资金实力由小而大地去从事经营，量力而行，避免了投资风险；金六福品牌的无形资产属于金六福公司，即使与五粮液合作发生了分歧，金六福自己的品牌也已经可以自立门户了。同时，金六福与五粮液之间虽为不同的体制，不同的投资主体，相互之间还没有股权关系，仅仅是OEM关系，但金六福并没有冲击五粮液的主打品牌市场，使五粮液反而在不用发生营销成本的基础上增大了销售量。

（2）成长型企业的商业模式如何构建。

处于培育期或成长期的企业一般来说已经初步形成了自己的商业模式。这个时期是一个企业最为关键的时候。许多企业由于找不到突破口，长期徘徊在一定的销售规模，甚至出现亏损、创业失败。这期间对企业而言最重要的就是要找创新的商业模式作为突破口。

这阶段特别需要注意的是：需要看自己企业的产品或服务是区域性的还是全国性的。如果是区域性的，你必须研究同一区域与你同一规模的企业，看这些企业的商业模式与本企业商业模式的异同。找到别人的劣势，利用商业模式的基础要素反复提炼，创造性地改造你的商业模式。

案例分享

万通是如何成功的

万通集团曾经有一个经典案例。1996年，历经两年半建设的北京万通新世界广场闪亮登场，获得史无前例的高价销售业绩。而与该物业仅一路之隔、位于阜城外大街北边的四川大厦，由于体制的问题盖了十三年还没有竣工。两种体制、两个商业结果，一时传为佳话。但是，万通广场地下一层至五层的商场经营却是另一番景象。虽然万通引入了美国人参与经营，也从西单商场、友谊商场高薪聘请零售经营人才，但对于从未从事过商业零售的万通来讲，仍然显露出败象，连续亏损。相反，四川大厦内的华联商场却后来居上，经营红火。万通当时想了很多办法也没能改观。直到开业两年多以后，万通在商业模式上做了一个大胆创新才一改颓势，一举成功。

万通的方法是放弃自己并不擅长的自营模式，将所有经营面积化整为零，全部出租给商贩，使万通广场变成小商品批发市场，让那些平时只能利用大街小巷的三角地带、被挤压在很小范围内经营的商贩一下子涌进繁华、高档的大商场，如登大雅之堂。商贩几乎是抱着大把大把的现钞涌了进来。万通广场一夜之间扭亏为盈，还省去了经营管理的程序。

万通在商业模式上的变化给我们以下启示：

第一，做房地产万通是内行，可以说比国有体制的四川大厦成功。做商业，万通是外行，没有较为长期的学习、实践，仍然比不上华联。

第二，外行与内行在一个区域内发生同质化竞争的时候，万通没有选择恶性竞争的方式，打价格战，诋毁竞争对手，而是选择错位经营，和平共处。

第三，万通此举还开始了从多元化投资经营向专业化调整的第一步，放弃投资经营零售业。

第四，选择调整并没有采用“壮士断腕”的方式，低价割肉，而是通过商业模式的创新，既退出了零售业，又扭亏为盈。

(3) 成熟型企业的商业模式如何构建。

处于成熟期的企业选用什么样的商业模式尤为重要。

成熟型企业走过了创业的艰难，经历了成长期的苦恼，步入平稳发展的成熟期。这一时期的企业能否成为全国性、跨国企业，这个阶段便是分水岭。

这类企业的商业模式比较成熟，也比较成型。但这类企业也容易出现两类错误。

一类错误是固守商业模式，把历史的成功作为必然，无论环境有多大变化，无论竞争对手是否已经步步紧逼，自己仍然一成不变，墨守成规，机械地沿用原有商业模式，最后衰退甚至破产，退出商业舞台。

另一类是盲目认同自己的成功，不在原有基础上挖掘熟悉的市场空间、产业空间、价值空间，而展开多元化投资、多元化经营，导致驾驭不了新的商业模式而走向失败。

这些错误是中国企业最为普遍的错误。这类企业如何避免这些错误的发生，我们认为有几个工作要做。

第一，利用领先优势，寻找可能会给自己构成威胁的企业，进行并购、整合来消除竞争对手的威胁。

第二，在运动当中，反复验证自身的优势，构建竞争壁垒，提升核心竞争能力。

第三，当新的核心竞争力出现后，重塑价值点，并以新的价值点构建新的商业模式。

（4）大型扩张型企业的商业模式如何构建。

由于商业模式选择上的失误导致企业从此衰落甚至走上不归路的中外大型扩张型企业比比皆是。

特别是近几年来，一些企业历经10多年的艰辛创业，步入成熟期，有了自己的品牌，成型的生产、销售模式、稳定的收益，但其收益大都来自于直接投资与直接经营的收益。于是，转向依靠资本运营来实施所谓“低成本”扩张战略，即大举进入资本市场，放弃或是轻视帮助其成功的经营方式，全面开展资本运营。结果，盲目追求高速成长，缺乏对资本运营的把握能力，放大了资本运营在企业扩张中的作用，低估了资本运营的风险。最后，不但资本运营没有成功，反而把多年创造的产业基础全部摧毁，陷入困境，反受资本市场所害。

大型扩张型企业在扩张时常用的商业模式有以下几种：

第一，展开多元化投资。这是近年来争论不休的一个话题。由于以德隆为代表从事多元化投资的企业纷纷倒下，整个社会舆论几乎一边倒地认为必须走专业化之路，多元化不适合中国企业。

我们认为，专业化值得推崇，但多元化本身并不是陷阱。多元化能否成功取决于企业的驾驭能力，并不在于多元化本身。国内也有许多成功的从事多元化投资的企业。我们提出多元化投资，专业化管理，须量力而行。管理水平达不到时，不宜做多元化投资。

第二，战略投资。国内除德隆外至今也没有多少机构将自己定位于战略投资人的扩张型企业。最大的电器制造商海尔是一个行业投资者、经营者，但不是电器行业的战略投资者。建议大型扩张型企业用战略投资来作为扩张的商业模式。但战略投资者的投资经营水平非常高，其基本模式是战略并购、产业整合、战略管理。目前国内扩张型企业有此设想和能力者寥寥无几。

第三，并购扩张。利用并购来扩张，是扩张型企业最常用的商业模式之一。但中国扩张型企业并购意识很弱，并购目的不强，并购的整合能力就更弱。

第四，以价值链为核心进行上下延伸。这是近几年来由海外咨询带进来的扩张模式。以价值链为核心进行投资整合一般有三种方法。

第一种是沿着企业原有产品向横向相关价值产品扩张。如娃哈哈，从矿泉水延伸到非常可乐。

第二种是沿着企业原有产品向产品上下游进行纵向相关价值产品的扩张。如湘火炬，从卖汽车火花塞到汽车变速箱，再到整合重型汽车产业价值链。

第三种是沿着企业原有产品向横向相关价值产品和上下游纵向价值链同时扩张。如第一汽车，从早期的货车沿着货车上下游延伸的同时，又横向扩张进入轻型车、轿车及汽车服务，汽车金融服务。

（5）总结。

总之，在选择设计商业模式上，中小企业比较注重战术上的商业模式，如营销策略、产品创新、技术创新、管理创新、价格策略、联盟策略等，大型企业则多着眼于战略上的商业模式选择，但像微软、沃尔玛这样既在战术上非常成功，又在战略上非常成功的企业几乎就是难以挑剔的强大企业，但这毕竟是凤毛麟角。

案例分享

住墅（中国）打造国内首家别墅短租共享平台

随着中国住宅地产利润的日益摊薄，商业环境的日渐成熟，在严厉的宏观调控政策背景下，进入商业化房屋租赁这一蓝海，已经成为很多企业的战略选择，“向商业化房屋租赁进军”成为房地产行业的时代强音，特别是在高端的别墅租赁领域。

伴随着市场的发展，该领域的竞争愈加激烈，商业模式更是层出不穷。而在这一领域比较具有特色及创新的是住墅（中国）。

住墅（中国）是国内首家别墅短租共享平台的公司，它们通过整合、托管全国各地空置的别墅等独立空间，对其加以改造升级，配备标准化服务，为用户开拓出区别于五星级酒店的非标住宿新路径，以住宿为入口，以墅公馆会员圈层线下活动为链接，通过口碑相传，以互联网为传播工具，继而整合服务会员衣食住行的商业生态。

住墅（中国）服务的创新模式：

（1）个性化独享空间服务。

为客户提供个性化空间服务，包含别墅、四合院、游艇、地坑院、木屋等别致个性化私人空间。

（2）定制专享，管家核心服务。

高于传统酒店的配套设施，同时配备私人管家，享受五星级私厨上门服务，以个性化体验来体现高净值服务。推出整合厨师O2O平台，开发出“私厨+厨娘”的高品质定制餐饮服务。

（3）资产增值服务。

它们潜心为客户甄选出进口红酒、原生高品茶、茅台定制白酒等高端产品服务，并且为客户缔造别样慢生活。

但是，住墅（中国）这种商业模式让我们最值得学习的不仅是服务，更是对待房客和房东的共享创收分益思维。

对于房客来说，房客在外最看中的是什么？是真实可靠，是快速方便，是安全卫生。为此，住墅（中国）做了以下工作：

第一，实地验真、实拍，确保房源的真实可靠。保证可满足家庭出游、聚会团建、商务差旅、休闲度假和周租月租等各类出行住宿需求。

第二，在订购上，住墅（中国）房客可通过电脑、手机、平板、7×24小时客服电话或微信等多种渠道轻松预订，即刻体验高端别墅生活，同时享受家的温馨、舒适和便捷。

第三，每栋别墅酒店配备一名贴身管家与24小时保洁服务，客户如有需要还可以专车接送。

对于房东来说，住墅（中国）为房东提供高收益且有保障的闲置房屋分享平台。住墅（中国）欢迎有闲置房屋的房东，来住墅（中国）感受全新的收益模式和分享体验。住墅（中国）凭借其优质的客群及贴心的服务，通过最简便高效的途径，让房东在免费发布房屋信息、轻松赚钱的同时，还可以与来自世界各地的房客相互交流分享，让房东分享赚钱更省心。

为了更好地帮助房东，住墅（中国）组建线上运营及线下管理团队，为房东提供专业的服务，并定期邀请房东参加营销推广活动，确保房东获得收益。

住墅（中国）在全国各地成立兼具特色与人文情怀的别墅酒店，个性化住宿空间，高品质服务标准，让住宿成为一个舒适愉悦的享受盛宴，将传统酒店提升到新的高度，创建出了新的别墅短租共享新模式。

4. 三个值得重视及学习的商业模式

商业模式中，有三种模式值得我们借鉴。

模式一：免费模式。

免费模式是最伟大的商业模式，但是很多人却看不懂背后的商机。

我们看一个常见的案例：充话费送手机。

我们预存2000元话费，赠送手机价值2000元，还有2000元话费分24个月用完，然后还赠送你100元的手机新业务，送你价值2000元的空调，等等。

我们作为消费者，看到这个信息，一定会心动。普通的消费者看后认为很划算，认为他们在赔钱做生意，大家想想，他们真的会赔钱吗？不但不会，还会挣钱，这就是我们很多人没有看明白的道理，你送会赔钱，别人送就能挣钱。

他们赠送的这些东西市场价或许不便宜，但大家想一想，他们大批量购买会是什么价位呢？

市场价 2000 元的手机，批量从厂家购买有可能是 500 元，市场价 2000 元的空调，批量购买也可能只有几百元，加在一起才 1000 元，其他赠送的都是手机业务，同时限制了消费者的最低消费。

我们认为占了便宜，事实上经销商却在赚钱。因此，我们在学习这些免费赠送模式的时候，要设计出自己的商业模式，免费送的同时我们也要有利润。

还有一类企业，我们不得不佩服，那就是麦当劳和肯德基，他们的卫生间永远都是免费的。

这样做，为他们带来了什么？

第一，带来了客流量。

第二，烘托了人气。

第三，有助于品牌的传播。

第四，让过客成为顾客。

而我们有些酒店、餐厅，他们是不是这样呢？不但不是，他们还会从各个角度制约消费者，如谢绝自带酒水、设定最低消费等。

模式二：招商加盟连锁模式。

这也是很多企业常用的销售模式，定金、保证金、违约金的原始模式已经过时了，时代不同了，我们要调整这些模式，才能不断地做大做强。

假如你现在准备做全国连锁，给你一些建议参考：

第一条建议，把你现在的股份分出去，让连锁店的店长拥有股份，让员工变成老板。

第二条建议，推行创业计划，公司和店长共同投资，让他和你站在一条船上；如果他没有钱，用你公司名义给他贷款。

第三条建议，为了增加人气，把你的其中一个产品变成“零利润”，吸引客人，当客人买这个产品的同时，会顺便多买一些其他产品。

第四条建议，会员卡收费，让客户办理会员卡，锁定客户群。

第五条建议，向你的上游供货商寻求支持，让你的员工提供支持，比如在开业庆典上，进行一天的免费赠送活动，让你的上游供货商提供一些免费的赞助活动，等等。

模式三：O2O 模式。

O2O（Online to Offline）模式，又称离线商务模式，是指线上营销线上购买带动线下经营和线下消费的模式。

O2O 的优势在于把线上和线下的优势完美结合，而不是简单的互动而已。要通过网购导购机制，将互联网与地面店完美对接，实现互联网落地。让消费者在享受线上优惠价格的同时，又可享受线下贴身的服务。同时，O2O 模式还要实现不同商家的联盟，如图 2－5 所示。

O2O 模式的好处在于：

（1）O2O 模式充分利用了互联网跨地域、无边界、海量信息、海量用户的优势，同时充分挖掘线下资源，进而促成线上用户与线下商品与服务的交易，团购就是 O2O 的典型代表。

（2）O2O 模式可以对商家的营销效果进行直观的统计和追踪评估，规避了传统营销模式的推广效果的不可预测性，O2O 将线上订单和线下消费结合，所有的消费行为均可以准确统计，进而吸引更多的商家进来，为消费者提供更多优质的产品和服务。

（3）O2O 模式在服务业中具有优势，价格便宜，购买方便，且折扣信息等能及时获知。

（4）O2O 模式将拓宽电子商务的发展方向，由规模化走向多元化。

（5）O2O 模式打通了线上线下的信息和体验环节，让线下消费者避免了因信息不对称而遭受的“价格蒙蔽”，同时实现线上消费者“售前体验”。

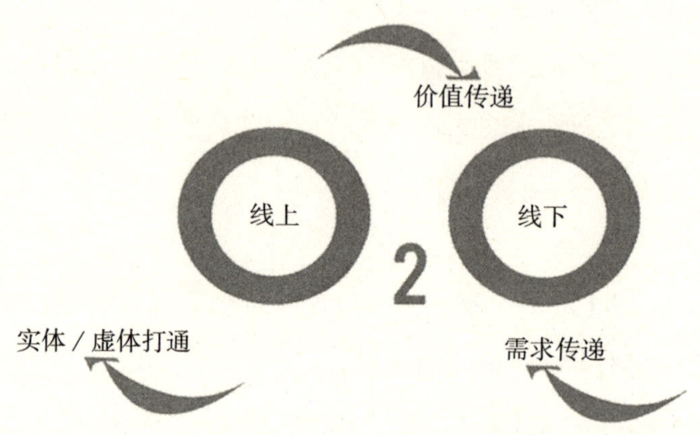

图 2－5　O2O 模式的优势

当然，任何一个成功的商业模式都有其不可复制性，如果一味地“生搬硬套”可能会使企业陷入“困境”，模仿加创新才是我们企业制订自己的商业模式的正道。“善学者，学根本，是为胜；不善学者，学皮毛，必败无疑也。”应模仿别人商业模式的本质，在其基础上创新，制订出适合自己的新的商业模式。

第五大挑战：竞争对手无法掌握

为什么同样是电影上映，有些电影票房好，有些电影票房不好？

爱看电影的朋友会发现，经常会有一些巨额投资的大片同期上映，撞档期后两败俱伤。为什么？

因为大部分人都存在盲目自信的毛病。很多电影公司认为：“我有一个优秀的编辑团队，还有个很棒的市场团队，我们会做出最好的电影。”

他们最大的错误是决策时忽略了竞争因素：竞争对手会怎么做？有多少观众会选择看我们的电影而不是别的电影，等等。

而只考虑自己，容易过于自信。“90%的司机都相信自己的车技要高于平均水平”，这一心理学发现已得到了证实。忽视竞争加上过于自信导致过度竞争：众多竞争者同时进入市场，市场整体严重供过于求，平均下来只能是亏损。

事实上，我们看到的创造票房纪录的大片，如《唐山大地震》和《让子弹飞》等，几乎都拥有一个独立且较长的档期。而很多众人瞩目的超级大片，却由于集中在同期上映，两败俱伤。

过于估高自己的高品质，却忽视了市场的过度竞争，让很多企业都成了市场竞争的炮灰。这有利于市场竞争优胜劣汰，但对于投资方来说却是坏事，甚至是致命的伤害。

巴菲特有句名言：乐观主义才是理性买入者的大敌。很多企业往往由于过于乐观，忽视竞争，而冲动地进入热门的高增长行业，导致投资惨败。

俗话说得好：“知己知彼，百战不殆。”可在实际企业开展工作中，能够完全做到的有多少呢？

我们想表达的是：了解并掌握竞争对手的情况，对企业的发展大有益处。如果你没办法掌握竞争对手的情况，盲目前行只会抱憾而归。

1. 我们的竞争对手是谁

有这么一个故事：一辆宝马车冲进西湖，撞死一条鱼。这条鱼做梦也没想到，它会在水里被车撞死。所以说，令你倒闭的不一定是同行，有可能是其他领域的人，多么痛的领悟……

企业参与市场竞争，不仅要了解谁是自己的顾客，而且还要弄清谁是自己的竞争对手。从表面上看，识别竞争者是一项非常简单的工作，但是，由于需求的复杂性、层次性、易变性，技术的快速发展和演进、产业的发展，使得市场竞争中的企业面临复杂的竞争形势，一个企业可能会被新出现的竞争对手打败，或者由于新技术的出现和需求的变化而被淘汰。

所以，有效识别你的竞争对手，是关键的第一步。

我们可以从不同的角度来划分竞争者的类型：

（1）从行业的角度来看，企业的竞争者有以下几种。

现有厂商：指本行业内现有的与企业生产同样产品的其他厂家，这些厂家是企业的直接竞争者。

潜在加入者：当某一行业前景乐观、有利可图时，会引来新的竞争企业，使该行业增加新的生产能力，并要求重新瓜分市场份额和主要资源。另外，某些多元化经营的大型企业还经常利用其资源优势从一个行业侵入另一个行业。新企业的加入，将可能导致产品价格下降，利润减少。

替代品厂商：与某一产品具有相同功能、能满足同一需求的不同性质的其他产品，属于替代品。随着科学技术的发展，替代品将会越来越多，某一行业的所有企业都将面临与生产替代品的其他行业的企业进行竞争。

（2）从市场方面看，企业的竞争者有以下几种。

品牌竞争者：企业把同一行业中以相似的价格向相同的顾客提供类似产品或服务的其他企业称为品牌竞争者。

品牌竞争者之间的产品相互替代性较高，因而竞争非常激烈，各企业均以培养顾客品牌忠诚度作为争夺顾客的重要手段。

行业竞争者：企业把提供同种或同类产品，但规格、型号、款式不同的企业称为行业竞争者。所有同行业的企业之间存在彼此争夺市场的竞争关系。如生产家用空调与生产中央空调的厂家、生产高档汽车与生产中档汽车的厂家之间的关系。

需要竞争者：提供不同种类的产品，但满足和实现消费者同种需要的企业称为需要竞争者。如航空公司、铁路客运、长途客运汽车公司都可以满足消费者外出旅行的需要，当火车票价上涨时，乘飞机、坐汽车的旅客就可能增加，他们满足消费者的同一需要。

消费竞争者：提供不同产品，满足消费者的不同愿望，但目标消费者相同的企业称为消费竞争者。如很多消费者收入水平提高后，可以把钱用于旅游，也可用于购买汽车，或购置房产，因而这些企业间存在相互争夺消费者购买力的竞争关系。消费支出结构的变化，对企业的竞争有很大影响。

（3）从企业所处的竞争地位来看，竞争者的类型有以下几种。

市场领导者（Leader）：指在某一行业的产品市场上占有最大市场份额的企业。一般来说，大多数行业都存在一家或几家市场领导者，他们处于全行业的领先地位，其一举一动都直接影响到同行业其他厂家的市场份额，他们的营销战略成为其他企业挑战、仿效或回避的对象。如柯达公司是摄影市场的领导者，宝洁公司是日化用品市场的领导者，可口可乐公司是软饮料市场的领导者等。市场领导者通常在产品开发、价格变动、分销渠道、促销力量等方面处于主宰地位。市场领导者的地位是在竞争中形成的，但不是固定不变的。

市场挑战者（Challenger）：指在行业中处于次要地位（第二、第三甚至更低地位）但又具备向市场领导者发动全面或局部攻击能力的企业。如富士是摄影市场的挑战者，高露洁是日化用品市场的挑战者，百事可乐是软饮料市场的挑战者等。市场挑战者往往试图通过主动竞争扩大市场份额，提高市场地位。

市场追随者（Follower）：指在行业中居于次要地位，并安于次要地位，在战略上追随市场领导者的企业。在现实市场中存在大量的追随者。市场追随者的最主要特点是跟随。在技术方面，它不做新技术的开拓者和率先使用者，而是做学习者和改进者。在营销方面，不做市场培育的开路者，而是搭便车，以减少风险和降低成本。市场追随者通过观察、学习、借鉴、模仿市场领导者的行为，不断提高自身技能，不断发展壮大。

市场补缺者（Nichers）：多是行业中相对较弱小的一些中小企业，它们专注于市场上被大企业忽略的某些细小部分，在这些小市场上通过专业化经营来获取最大限度的收益，在大企业的夹缝中求得生存和发展，对满足顾客需求起到拾遗补缺、填补空白的作用。市场补缺者通过生产和提供某种具有特色的产品和服务，赢得发展的空间，甚至可能发展成为“小市场中的巨人”。

综上所述，企业应从不同的角度，识别自己的竞争对手，关注竞争形势的变化，以更好地适应和赢得竞争。

2. 如何有效分析竞争对手

在识别主要竞争对手之后，我们可以采用以下步骤进行竞争对手的分析及布局。

第一步：收集竞争对手的基本情况。

竞争者的基本情况包括规模、历史、目前的经营能力、资金状况等因素。企业必须注意了解这些因素，还必须注意不断监视和了解其竞争者的市场行为，观察其目标取向，不但要掌握其当前位置，还要看它可能要进入的目标市场，从而制订自己的对策。

第二步：进行竞争者优劣势分析。

在市场竞争中，企业需要分析竞争者的优势与劣势，做到知己知彼，才能有针对性地制定正确的市场竞争战略，以避其锋芒、攻其弱点、出其不意，利用竞争者的劣势来争取市场竞争的优势，从而实现企业营销目标。

竞争者优劣势分析的内容：

（1）产品。竞争企业产品在市场上的地位；产品的适销性；以及产品系列的宽度与深度。

（2）销售渠道。竞争企业销售渠道的广度与深度；销售渠道的效率与实力；销售渠道的服务能力。

（3）市场营销。竞争企业市场营销组合的水平；市场调研与新产品开发的能力；销售队伍的培训与技能。

（4）生产与经营。竞争企业的生产规模与生产成本水平；设施与设备的技术先进性与灵活性；专利与专有技术；生产能力的扩展；质量控制与成本控制；区位优势；员工状况；原材料的来源与成本；纵向整合程度。

（5）研发能力。竞争企业内部在产品、工艺、基础研究、仿制等方面所具有的研究与开发能力；研究与开发人员的创造性、可靠性、简化能力等方面的素质与技能。

（6）资金实力。竞争企业的资金结构；筹资能力；现金流量；资信度；财务比率；财务管理能力。

（7）组织。竞争企业组织成员价值观的一致性与目标的明确性；组织结构与企业策略的一致性；组织结构与信息传递的有效性；组织对环境因素变化的适应性与反应程度；组织成员的素质。

（8）管理能力。竞争企业管理者的领导素质与激励能力、协调能力；管理者的专业知识；管理决策的灵活性、适应性、前瞻性。

第三步：制订竞争策略。

企业在对市场竞争形势做出正确评价，明确谁是市场上的主要竞争者以及竞争者拥有什么优势和劣势等后，就可以制定和选择自己的市场竞争策略：是进攻、防御，还是回避；明确谁是合适的进攻对手，谁是主要的威胁者，应当采取什么样的竞争手段，如何选择合适的竞争市场和出手时机。

（1）如果我们对于竞争对手来说是市场领先者。

市场领先者的战略核心是守住自己的阵地。因为绝大多数领先者都面临着同行业竞争对手的挑战，所以领先者必须时刻警惕，并保持自己的优势地位，为此，领先者通常采取以下策略：

第一，扩大市场需求总量。

第二，保护市场份额（保护市场占有率）。

第三，扩大市场占有率。

（2）如果我们对于竞争对手来说是市场挑战者。

市场挑战者是指在市场上紧随市场领导者的企业，一般也具有较强的竞争实力，在市场上往往位于第二、第三的企业。作为挑战者，首先明确自己的目标，其次确定自己的进攻策略。

第一，挑战领导者策略。

选择对象是市场领导者，在进行挑战时，先了解对方的实力和弱点，根据自己的优势，发起正面进攻。如价格折扣策略、新产品开发策略、特色服务策略、降低成本策略、集中广告策略等。

第二，挑战非领导者策略。

选择的对象是和自己大致相同的企业或小企业，可以采取“蚕食竞争”方式。

- 向市场提供大量优质产品，使之掩盖竞争对手产品。
- 进攻竞争对手的薄弱环节。
- 夺取竞争对手占领的市场中尚未满足的市场需求。

挑战者发起进攻时，可采取以下策略：

- 价格折扣。

- 推出名牌。
- 产品革新。
- 销售渠道革新。
- 提高服务水平。
- 增加促销费用。

(3) 如果我们对于竞争对手来说是市场追随者。

市场追随者希望维持自己的市场份额和利润，不冒险攻击市场领导者。一般可采取：

- 紧随策略：模仿领导者但不进攻或阻挡领导者发展。
- 保持一定距离追随策略：在主要市场、产品创新、分销渠道等方面追随领导者。
- 有选择追随策略：即跟着别人走，同时也走自己的路。

(4) 如果我们对于竞争对手来说是市场补缺者。

市场补缺者一般进行专门化经营：

- 用户专门化。
- 专门向一个或少数几个大客户提供商品。
- 专门生产顾客预订的产品。
- 专门为一个渠道提供产品。
- 专门生产一种产品或产品线专业化。

案例分享

红高粱挑战麦当劳的失利

麦当劳从 1937 年经营小餐厅开始，经过近 20 年的发展，成为一个颇具规模的快餐厅，并通过连锁经营的方式迅速遍及世界各地，发展成为世界性跨国企业集团。从1993年这个洋快餐品牌登陆北京王府井开始，便以惊人的速度席卷中国大地，使得中国几千年来各种著名小吃都难以与之抗衡。看到如此情况，乔赢站了出来，扛起民族快餐“红高粱”的大旗，誓要与洋快餐一决高低。1995年4月15日，在大洋彼岸的麦当劳建店40周年之际，红高粱的店址便确定在麦当劳的对面，并挑起“红高粱挑战麦当劳”的横幅，激励人心，同时店内装饰及员工服装等也类似于麦当劳，其用意不言而喻。

红高粱亮相后，一时间取得了很大的成功，日营业额从2000元突破万元大关，随后以44万元起家的乔赢仅仅用了8个月的时间就将资产滚动到了500万元。到了1996年他已经在北京、上海和广州等地建立了连锁店，并打算在5年内将“红高粱遍布全球”，在世界各地计划开设2万家分店。1997年，“红高粱”在全国20多个城市铺开，然而这些分店并没有如他所愿就相继夭折，截至1998年年底，“红高粱”投资兴建的各地分店相继倒闭，负债总额达3600万元，最终梦断中原。

“红高粱”的失败，带给我们什么样的启示？

乔赢的失败在于市场定位不准确，市场定位的方法是一种竞争策略，目的是帮助企业进入目标市场，展示自己的竞争优势，吸引消费者，增强竞争能力，它显示的是一种竞争关系，乔赢取得定位，是一种与市场上占据支配地位的、最强大的竞争对手对着干的定位方法，企业进行市场定位，必须知己知彼，同时要具备相应的条件：

（1）能生产出比竞争对手质量更优或成本更低的产品。

（2）选定的目标市场能容纳2个或2个以上的相互竞争的企业所提供的产品，从这点上，乔赢并不会输给麦当劳，因为中国当时有12亿人口的市场空间。

(3) 比竞争对手拥有更多的资源和更强的能力。从这点看乔赢与对手相比差距很大。

(4) 选定的目标市场位置与本企业的声誉和经营能力相符合。乔赢在每个城市里，不管其能力是否能承受，凡是有麦当劳的地方，他都在其对面开设一家“红高粱”，其花费甚至比麦当劳高出几倍，凡是能用钱买的他都买了，广告、包装形象宣传等，乔赢超前的连锁扩张理念和敏锐的策划能力曾使“红高粱”体验成功，但这些过于虚而不务实的经营思想，终于导致“红高粱”不能把机会转变成踏实的经营。事实证明，乔赢苦心引导人们所认知的“红高粱”并不存在，纸上规则和效益使“红高粱”分不清现实与远景的区别，乔赢把几年后才可能出现的效益“提前贴现”，坑了投资人，也害了自己（2000年年底，乔赢因非法集资涉嫌犯罪被逮捕，涉嫌金额高达4000多万元）。

第六大挑战：企业管理无法规范

中国人崇尚中庸之道，素来讲究人情，讲究与人方便就是自己方便。所以在中国的企业中往往会出现因讲求面子而不了了之的事情。如果一个企业在公司的规章制度上讲“人情”，睁一只眼闭一只眼，任由特殊人群搞特权，那么管理无法规范，迟早会酿成大祸。

企业管理中大部分的人情和规范是成反比例的，也就是说人情讲得越多，规范性就越差；规范性越强的企业人情讲得越少。当企业管理遇上人情的时候，再好的战略也发挥不出作用。

中国的很多企业都具有很好的战略，但是缺乏管理规范，很多好的战略因为遇到“人情”而不能得以实施。企业必须通过科学、完善、规范的管理制度来完善整体规划策略，员工必须按照制度的要求来规范自己的行为，才能提高企业的执行力。

企业管理，可以讲“人情”，但必须要建立在规范的管理制度之上去谈，那样的“人情”才能成为润滑剂。

1. 企业管理中两个值得关注的问题

首先，我们想先问两个问题：

第一个问题：盖房子首先应做什么？

第二个问题：中国功夫和泰拳的本质区别是什么？

这两个问题的答案许多人都知道。

答案一：盖房子首先就是打地基。

答案二：中国功夫和泰拳的区别在于前者讲究内功修炼，后者则强调猛练外功。

当前企业在管理过程中出现的两个最主要的障碍就与上述两个问题相似。

第一个问题是，不打地基，猛盖房子。

目前中国很多企业一味强调规模发展，而忽视了企业的基础管理，结果欲速则不达，往往在过快的发展中迷失了自己。

第二个问题是，不练内功，猛练外功。

很多企业的发展思路是大而全，不断进行多元化扩展，而没有重视企业规模扩大后带来的各种管理问题，没有练好“内功”，从而很难实现可持续发展。

解决上述两个问题的途径是什么呢？只有脚踏实地、扎扎实实地做好企业管理，全面提升企业管理规范水平，放弃好高骛远和投机取巧的思想及行为，才能形成企业的核心竞争力，使企业保持可持续发展。

案例分享

企业管理规范究竟有多重要

张瑞敏刚刚接手海尔的时候，海尔只是一个快要倒闭的小电器厂，员工工作没有积极性，企业亏损严重，可是张瑞敏用了20年的时间，让一个濒临倒闭的小厂子一跃成为世界名牌企业，并一度跻身世界500强之列。他是怎么做到的？是什么改变了海尔人？那就是管理。张瑞敏接手海尔后颁布了著名的“十三条”，其中甚至包括不许在车间大小便，由此我们可以想象出曾经海尔人的整体素质水平如何。张瑞敏强调员工的管理规范性是非常重要的，尤其是在一个由许多大公司集合起来的集团化企业中，更需要严格的管理制度来制订计划、实施行动。现在的海尔人规范性非常强，很少有人会上班迟到，更不会有人凭着关系在公司中胡作非为。

海尔是这样，联想是这样，华为、万科也是这样，这仅仅是巧合吗？

如果你足够细心的话，你会发现在美国商界同样存在这样一个奇怪的现象：美国最伟大的“商学院”不是哈佛，不是斯坦福，而是西点军校。一批取得了骄人业绩的商业精英并没有接受过正规的商业教育，但他们却无一例外地出自西点军校。更令人震惊的是，在全球500强企业中，有1000多名董事长、2000多名副董事长、5000多名总经理毕业于西点军校。比如美国在线创始人詹姆斯·金姆塞、美国汽车保险公司总经理麦克·德莫特、东方航空公司总裁法兰克·波曼等，他们都是从西点军校毕业的。前任西点军校校长戴夫·帕尔默曾经说过：“随便给我一个人，只要不是精神分裂症，我就可以把他培养成为世界上最伟大的领导者。”

为什么西点军校可以培养出那么多能在商界创造奇迹的人？因为严格的管理制度、铁的纪律和不折不扣的执行力。在部队中，服从指挥、严格执行是军人的天职，任何一个人都不能违背上级的命令，即使需要献出宝贵的生命也在所不惜。在部队中谁犯了错误都要受到军法处置，人情只好靠边站，只有严格规范才是硬道理。

企业要想成功，就要向军队学习，制定符合自身企业的规章制度。俗话说“没有规矩，不成方圆”，规矩就是我们心中的一把尺子，触犯了规矩就要受到应有的惩罚。企业中的制度不是摆设，如果因为一个人徇私枉法，那就会有无数的眼睛盯着，管理者宽恕一个人的错误，就会让更多人犯同样的错误，员工就更加难以管理，执行力也会随之下降。

企业的管理者不仅要坚持正确的原则，维护公司的纪律，更要以身作则，严格执行。不论你为公司创造了多大的价值，不管你曾为企业贡献过什么，都不能游离于企业的规章制度之外。

2. 企业管理的系统有哪些

一个科学的企业管理系统由以下五大模块组成：发展战略规划、规范化管理、人力资源管理、市场营销管理和资本运营管理。这五大模块共同构成了企业管理系统，缺一不可，互相联动。每个模块具体包含的内容和关键点如图 2 –6 所示。

为什么要了解企业管理系统？中国人很聪明，但是大部分的中国人缺乏系统意识。前期往往都是依靠眼光、胆量和勤奋，打下了江山。可是到了管理江山的时候，问题就出现了。原因在于缺乏系统。而以上企业管理的系统可以给我们很好的思维框架，让我们把基础打牢。而我们不难发现，在这里面，规范化管理是企业管理的基础。

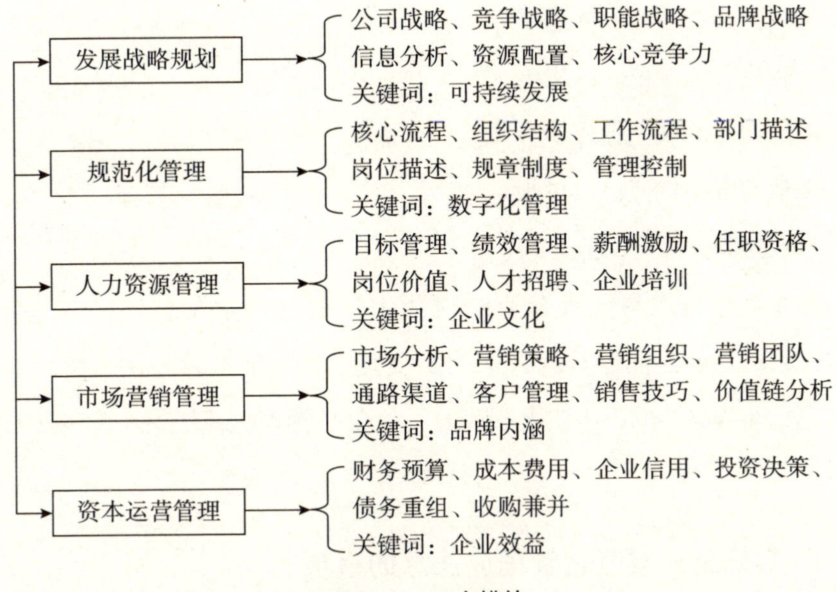

图2－6　五大模块

3. 企业管理规范化怎么做才好

正如盖房子要先打地基一样，企业管理的地基就是规范化管理。

作为企业管理地基的规范化管理由如同六根支柱的六个系统构成，只有把这六根支柱深深地打入“地下”，企业大厦才会牢固。

规范化管理的六个系统分别是：程序流程的规范、组织结构的规范、部门设置的规范、岗位设置的规范，规章制度的规范、管理控制的规范。

规范化管理系统中各个子系统的重要性是不同的。企业在考虑本企业的管理系统规范化时应当在重点方面和环节上加大规范力度。下面我们使用标星的方法来说明六个系统不同的重要性。星级越高，就越重要，反之则次之。

程序流程的规范：四星级

组织结构的规范：四星级

部门设置的规范：三星级

岗位设置的规范：三星级

规章制度的规范：二星级

管理控制的规范：五星级

然而，每当提到现代企业的规范化管理，很多人都会想到一个东西——规章制度。他们认为公司的制度越多、越健全就表明其管理越规范。这是非常错误的，事实上制度健全仅仅是管理规范里最小的一个局部内容。

4. 实施企业规范化管理应注意的事项

首先，规范化管理不是一成不变的管理。

这个世界上找不到放之四海而皆准的规范化管理模板，因为实际和理论之间需要匹配，理论只是一个框架，框架中的具体内容需要实际情况来填充。而实际生活中各个企业的具体情况不一，所以具体内容也就不一样。所谓的“规范”是要求在意识上、系统性上、操作行为上要规范，而在企业文化、经营思想以及企业决策等定性方面则应该具体问题具体对待。

因此，引入规范化管理系统后，高层管理者应注重系统的完善、优化和创新。要把规范化管理的“普遍规律”与各自企业的“特殊情况”有机地结合起来。

其次，用统一的价值观念促进规范化管理。

企业是由人构成的，企业发展的核心资源也是人，而主导人的意志行为的却直接是他的价值观念。一套在企业内部广泛认同的、系统的价值观念体系，是企业进行规范化管理的前提。所以企业规范化管理必须以人为本，从人的价值观念出发形成一套企业内部一致认同的价值观念体系，作为指导思想来协调企业组织运行和管理的行为，使企业方方面面的管理方法和技术融合为一个整体，并彼此协调呼应。有了这样一套价值观念体系为企业的运行提供指导思想，那些不利于企业持续稳定发展的行为和做法，就可能被及时纠正。

再次，规范化不能随心所欲。

规范化管理的基础概念是规范，规范为人们提供了相对稳定、可以预测、可以期待的工作与生活环境，从而为企业内部成员之间、企业与外部的协作提供了基础。规范意味着不能随心所欲，意味着人为地制造一些“限制”。而许多成长型企业规范化所遇到的最大障碍，正是企业的核心人物自身，这些核心人物经常会用“长官意志”代替企业规范化管理，其随意性极大。

“易装到位”打造行业新标准

最早的家装行业，是没有这么多规则的，信息也是不对称的。早些时候都是游击队，师傅说怎么做，那就怎么做，业主相对而言也比较好说话。这个时候，有些精明的师傅是赚了钱的。于是，师傅们都精明了起来，因为榜样的力量是无穷的。慢慢地，业主们也觉得或许师傅们的话也不怎么可信。渐渐地，好多的潜规则就培养出来了。

再后来，有了家装公司，而且越来越多。这时我们发现，很多家装公司为了赚钱，往往会动些手脚，这里面的黑幕就层出不穷了。

因为业主发现，家装公司实际装修时，和广告中宣传的不一样。就像套餐装修中会缺少很多基本的装修项目，少了这些后，实际装修是不能进行的。于是，加钱成为必然。有些客户天天守着房子，但这类现象还是防不胜防。

为什么大部分家装企业会出现如此现象？这和家装行业本身有很大的关系。

（1）家装行业从业者素质参差不齐。

家装行业的最直接从事者，是一线的工人。这是个又脏又累的活，从事的工人基本处在社会最底层。耍点小聪明，也是可以理解的。要把这些人管好，也不是那么容易的。行业中最可能出现问题的是项目经理，小农思想的视线被金钱蒙蔽，不想出问题都难。

（2）不规范的竞争使得很多企业也不规范。

出来是赚钱的，毕竟家里还有老小，没有谁会白白往里搭钱，这是从业者的思想。短线的圈钱思想，使得这个行业急功近利。行业的竞争一多，于是，就有了很多的不实宣传，就有了很多的所谓陷阱。然而，撑死胆大的，饿死胆小的，现实的印证，使得更多的从业者选择了不规范。

（3）监管力度不够。

家装行业到现在为止，主动监管力度不足。所有的不实和陷阱只能愈演愈烈。

监理公司的费用又往往高得很，很多人都不想用。施工方自说自话的监管，确实很难让人信服。于是才有了以上种种的社会现象。

然而，“易装到位”的出现，改变了这个局面，让业主放心、省心、安心，打造了家装行业的新标准。

“易装到位”是如何做到的呢？

衢州易装到位装饰工程有限公司成立于2015年3月，它联合行业顶级技术团队、家居巨头共同创立，致力于做年轻人装得起的互联网超级家装公司。

它通过重新整合行业供应链，借助互联网信息技术，以“标准化、信息化、产业化”的管理理念，致力于将传统家装行业不透明、不确定、不规范的现状，通过互联网工具实现改善，让家装像选车一样简单，真正做到所见即所得，把家装过程中的不可控性降为零。

它将价格不透明、工期冗长、成本浪费的家装，改变成为可定价、定期的标准化家装，并通过线上实现交易和全程监控，通过线下实现体验和交付的新型家装模式。

从以下三点细节，便可以看到“易装到位”的标准化管理有多规范。

(1) 五大人性标准化设计。

第一，卧室设计了双控开关，从此不用为下床关灯而烦恼。

第二，床头安装4个5孔插座，可供手机电脑/台灯同时使用。

第三，马桶后面安装5孔插座，支持升级智能马桶。

第四，厨盆下安装5孔插座，为您使用厨宝和净水机带来了极大便利。

第五，橱柜安装2个带开关插座，5个五孔插座，满足电器使用。

使业主在未来的日常生活中更加便利，轻松享受生活，而且做到每家都要求工人们这样思考和嵌入。

(2) 40天竣工工程。

“易装到位”每一个施工步骤紧密衔接，拒绝浪费时间，保证在40天内完成装修，用最高效的方式让业主享受最好最快的家装体验。真正实现40天从毛坯到精装；要知道提出这个口号需要经过多少次经验和实践的打磨才能完成，任何管理环节出现一个纰漏，都会失败。可见“易装到位”的管理要做到极致的规范性才敢提出。

(3) 80 道标准施工工序。

“易装到位”通过长期的管理工作总结提炼，制定出了 80 道标准工序，指导工人施工、自检，同时为管理人员检查提供依据，保障施工按质按量完成，为行业打造了新的标准。80 道标准工序，每一道都有检查机制，每一道都有指导方法，每一道都能让业主看得到付出。试问，你要是业主，能不找它装修吗？

第三章　造成企业老板痛苦抉择的四大困惑

珠三角老板圈子里流行着一句话："老板不是人干的。"中国的老板们，尤其是中小企业的老板越来越过不上正常的生活。越来越多的企业老板在事业发展道路上，遭遇较多错综复杂的困难，与压力、竞争、劳累和焦虑结伴而行，众多烦恼困扰着他们。

企业经营并非简单行事就能发展壮大，很多企业老板除了面临企业发展中的六大挑战外，日常事务性的工作还异常繁忙，难以面面俱到，致使发展决策迟钝。许多企业老板在艰难中发展，不能顾及当下，更不用说掌握未来。甚至陷入"越忙越盲，越盲越茫，越茫越忙"的恶性循环，如图3－1所示。

第一大困惑：投资房产还是投资企业

笔者曾经看到过这样一个故事：

10年前，小张为了创业，卖掉了自己在深圳南山一套200平方米的房子，拿到了35万元。然后，经历了3650个日夜不分，三餐不正的忘我奋

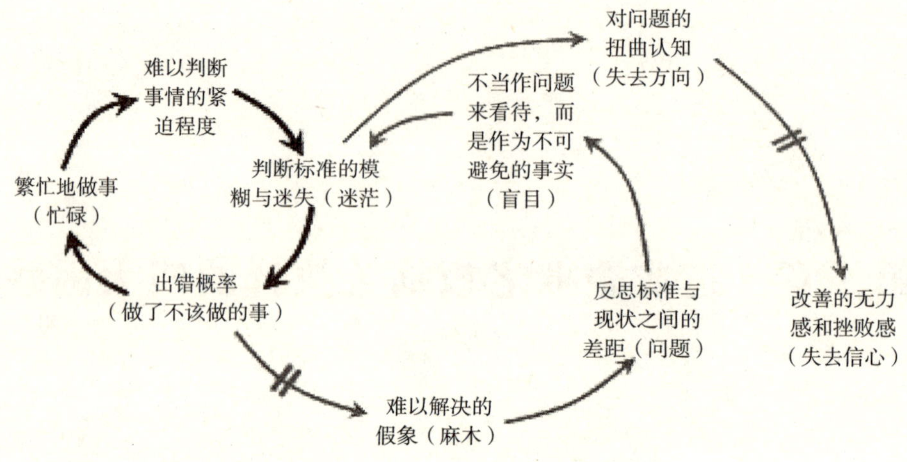

图 3－1　中小企业领导的恶性循环

斗，终于皇天不负有心人。10 年后，他创业成功，赚了 350 万元。然而最后，却在深圳南山买回了涨到 350 万元的，自己原来的那套房子。

这个故事十分讽刺，很多人会认为只要守着房子就能成为百万富翁，10 年来的艰辛、努力、付出竟都成了无用功。

这就是造成现在很多企业和老板困惑的原因。

北京有家公司叫普天通信，该公司在北京拥有两套学区房，估值 2272.62 万元。由于发展问题，该公司挂牌出售这两套学区房，出售额比企业的核心业务盈利还要高太多，成功保壳。

根据上市公司财报统计显示，以普天通信两处学区房的评估价格 2272.62 万元作为比较，2016 年上半年 A 股有 955 家上市公司业绩低于这一数字，买不下这两套学区房。还有很多上市公司的半年利润陷入亏损状态，连一套学区房都买不了。2016 年上半年在 A 股上市的 2918 家上市企业中，有 395 家上市企业出现亏损，另有 232 家的利润不足 1000 万元。

上市公司都是这样的成绩，更何况中小企业?

这让许多企业及老板产生了不少疑虑，究竟是继续投资企业经营，还是卖掉企业投资房产?

1. 做实业不赚钱，许多企业宁愿投资房地产，也不愿意继续经营

据国家统计局数据，截至2016年年底，深圳住房均价涨幅已接近五成。北京、上海、厦门、合肥等其他一、二线城市的住房均价涨幅也都在40%左右。中国房地产市场的火热正吸引越来越多的企业加入到房产投资甚至是炒房的行列。

数据显示，截至2016年6月底，A股有44.72%的企业，即1300多家上市企业持有投资性房地产，金额合计高达5874.2亿元；与2015年年底相比增加了300多亿元，与2013年相比，增幅高达67.4%。

其中，有近90家上市企业持有的投资性房地产在10亿元以上；中国平安更是以持有334.29亿元的投资性房地产居首。中国建筑、中国银行等也持有超200亿元的投资性房产。

除此之外，曾被喻为“世界工厂”的广东省东莞市，不少工厂老板也“转型”投资房地产，昔日轰鸣的厂房十室九空。有老板反映，他们厂里过去员工最多时有上百名员工，还得不时连续几个月加班加点，但如今开厂的收入根本不够给员工发薪水，“最好赚钱的还是买房子”，所以他已在广州购置四套物业，只恨没再多买点。

2017年上半年，民间固定资产投资增速从10%跌到2.1%，单月数据已连续两月负增长。而中国人民银行公布经济数据显示，全国新增人民币贷款4636亿元，但购房贷款就高达4575亿元，占了99%以上，非金融企业信贷10年来首现负增长。也就是说，向银行借钱的基本上都是买房子的，而办实业的人却越来越少。很多老板们都没闲着，都像东莞大部分老板一样把资金投向房地产了。

2. 实体企业投资房产真的靠谱吗

由于房地产市场的暴利，吸引了不少实业企业涌来分羹。但是，随着国家调控，房地产告别暴利时代，未来的楼市对非专业企业来说，或许越来越难。

案例分享

投资房产的实业企业的困惑

九阳豆浆机，大家一定耳熟能详。但提到九阳置业就鲜为人知了。事实上，九阳在杭州开发房地产已有 7 年之久。

作为一个家电领域的上市企业，首次涉足地产项目，困扰无可避免。九阳置业没有委托专业地产公司操盘，而是亲自运作。由于经验不足，更在操盘节点上错过了楼市的黄金时期。

从一份九阳股份有限公司的公告中可以发现，早在 2013 年 4 月，九阳置业就以 1.4 亿元价格把 70% 的股份转售给浙江中思实业有限公司，用以偿还 1.5 亿元融资借款本息。

以服装业起家的雅戈尔，早在 1992 年便开始涉足房地产开发，并在 2007 年以 14.76 亿元拿下在杭州原杭商院，即后来的御西湖项目，首次高调进入杭州。但让它真正在杭州引起关注的事件是激进拿地后的苦果，2013 年 6 月下旬其宣布解除与杭州市国土资源局的土地合同，退还 2010 年竞得的两宗申花土地项目，代价是 4.84 亿元保证金被扣除。

除此之外，萧山的登峰集团、云都控股等 20 多家企业申请破产，其中原因不乏受房地产拖累。再如 2016 年 6 月，食品行业出身的雨润集团受累于全国多处地产项目去库存难的问题，导致资金周转困难，最终以4.4亿元价格卖掉了位于杭州城东新城的星雨华府项目。

纵观这些进入房地产的实业企业，共性其实不少。比如它们会一门心思做产品，节奏相对慢，平时看重的是品牌和声誉。但是，当这些企业在投资房地产中尝到甜头后，不顾风险占用过多的资金拿地，却忽视了风险。由于市场的诱惑，有流动资金的时候投入资金拿地，一旦收不回来风险也随之产生。毕竟相对于实业来说，房产的投资比较巨大。

对于还在房地产业中奋斗的实业企业来说，“实干情结”或许值得称赞，但更重要的是如何在残酷的淘汰赛中赢得一席之地，在房产销售上打开局面。这一点，对半路出家的实体企业来说，却是个巨大的挑战，毕竟隔行如隔山。

3. 投资企业还是投资房产，取决于企业的初心

很多老板认为实业的投资回报率太低。辛辛苦苦忙一年，年底一结算，发现根本没赚到什么钱，而且还有一大帮人等着自己去养活，一大堆破事等着自己去处理。年底聚会聊天的时候，看到张三、李四，去年刚刚买的一套房，现在就涨一倍多，真是躺着就把钱赚了，让人心里好不舒服!

除了利润低之外，实业的风险还非常高，而且每天都有一大堆意想不到的麻烦等着解决。产品卖不出去，要想方设法打开市场；等产品有了一定知名度，受市场欢迎之后，还要扩充生产规模，又得挖空心思想方设法去找钱。找银行贷款，银行不给，逼着只能找那些小贷公司做短期拆借资金，最后到手的利润都成了利息。所以很多老板都选择去做房产投资，不继续投资实业。

然而，事实并不是这样的。

要知道，炒房可能会给我们带来数倍的投资回报，但投资有着具体服务、产品的公司，有时甚至能够收获上千倍、上万倍的资本回报，像阿里巴巴、京东、Facebook 早期的投资者不就是这样吗？有人说，等他们上市了，我再去买他们的股票做投资就行了！可是等到这时，为时已晚，此时的投资回报率连个位数都不到。

既然投资实业的资本回报率可以达到这么高，为什么我们耳朵听到的还是以炒房的居多呢？

这是因为具备潜质的企业实在太少，投资风险太高。有时我们会看到这样的新闻，说某个公司倒闭了，投资人前期投入的几百万元全部打了水漂。相比之下，对于大多数人来说，与其费尽心力去找寻有潜质的企业，还不如投资炒房划算得多。

不过在我们看来，这抹杀不了投资实业企业的重要性。

纵观世界，没有哪一个强国是靠房地产发展支撑，相反，实业救国的呼声更高。

用马云的话来说："不是实业不行了，是你的实业不行了。"

你连自己的本行都做不好，投资跨行的房地产就一定做得好吗？答案显而易见。

正是因为实业难做，我们才能在其中不断锤炼、提升自己的能力。等我们真正掌握了洞察市场、洞察消费者的能力之后，企业可能会发展得更好。

虽然，并不会每一个企业都像华为一样伟大，但是三百六十行，行行出状元。我们在细分领域里把企业做好，相信一定会比投资房地产更加有前途。那些转型投资房地产的实体企业，绝大多数并不具备最优秀企业的特质。

投资房地产，还是继续扎根投资我们熟悉的实体企业？说到底，取决于我们的初心。如果你只是想赚快钱，房产的确是值得一搏的选择之一，如果你想做好一份事业，那么投资你熟悉的、感兴趣并有潜力的企业，才是正确选择。

第二大困惑：把经营企业当做“养猪”还是“养孩子”

做企业时要先定位再经营，这很重要。经营企业，是“养猪”，还是“养孩子”，是要“钱景”还是要前景？这个问题困扰着许多企业家。

1. 做企业的两种方式：“养猪”和“养孩子”

“养猪”和“养孩子”是做企业的两种方式。

（1）把企业当做孩子养，满怀感情，即使企业做得不好也不愿意卖出去；传统的老板们习惯于此。

（2）像“养猪”那样做企业，目的是养大后到市场上卖掉。亲情和商情，使企业家们经常走在奈何桥上。新兴的老板们习惯于此。

自从被人圈养后，猪的一生都是被安排好的。母猪负责生崽，公猪会被阉掉成为肉猪，之后生活就只有一个主题，那就是“长肉”。

然后就是每天希望猪能够快快长大，早点出栏卖掉。

2. 互联网时代下，“养猪”比“养孩子”的更多

现在，很多互联网创业者都是这样的，总想让自己的企业成为风口上的那只“猪”。

团购火了就做团购，结果百团大战死了一大片；P2P 流行时就跟风做

P2P，四处找投资，最后很多人跑路了；现在 VR 兴起了，又有一群人在蠢蠢欲动。

很多年轻人创业的目标竟然变成了找天使轮、A 轮、B 轮，想通过资本操作最终找到接盘侠发笔大财。

我们发现大部分创业者创立企业的时候，一开始就带着这样的“养猪”心理。

但是，可以肯定的是：只为了钱做企业是很难有大成就的。因为一个把企业当猪养、目标只是“想赚钱”的创业者，往往很难沉下心来经营企业，更没有精耕细作的耐心。

我想，我们更应该把企业当孩子养，更多去思考做企业的目的和意义。

3. 假如把企业当做“孩子”养，会发生什么

作为父母，有时候我们也会想，我们这么累死累活地养孩子是为了什么？

我们抚育和陪伴了孩子，孩子也陪伴和完整了我们的人生，是孩子成就了我们，让我们变得更加圆满和幸福。

作为企业顾问的我们也在想，做这个企业的目的是什么？当企业成长到一定阶段后，我们完全可以实现财务自由了，为什么还要没日没夜地飞到各个城市讲课？为什么还要在深更半夜改稿、录制微信语音？

我想，是为了实现自我的价值，是为了帮助中小企业成长的那份责任和使命，正是这个目标一直推动着我们不断前进。

现在很多经营者严格意义上讲不能叫做企业家，至少，很多人是缺乏企业家精神的。

我们希望自己的孩子能成为一个有用的人；我们也希望自己的企业，

能为社会、为国家作一份贡献。

当然，要实现这一目标很不容易，那到底要怎么做才对呢？

著名的管理学家爱迪思曾提出过“企业生命周期理论”，他把企业分为十个阶段。

就像孩子一样，有孕育期、婴儿期、学步期、青春期、壮年期、稳定期、贵族期、官僚化早期、官僚期和最后的死亡期。

我们可以把“养孩子”跟做企业联系在一起，分阶段地规划好企业的发展。

当孩子在孕育期、婴儿期时，我们一定要精心呵护。在这个阶段，我们要做大量的准备工作，比如，为企业构建团队的框架、制度和流程等。

在学步期、青春期时，我们会放手让孩子去蹒跚学步，让他们自己带着冲劲去闯荡。企业在这个阶段，往往也会采取进攻型的策略，我们会研发新产品，大范围寻找客户，在市场上跑马圈地、急剧扩张。

而当企业进入到了壮年期和稳定期后，我们会采取稳定型战略（也就是稳健战略），比如精耕细作，提升我们的产品和服务、完善好内部的管理流程等。

当企业规模足够大时，组织管理往往会变得僵化，这也是所谓的“贵族期和官僚期”。在这个阶段，唯有创新才能生存，否则容易进入死亡期。

对于孩子，每个家庭的教育方式不一样，对于企业，每个企业的成长方法也不尽相同。

但大方向是不变的，我们要让孩子不断学习，培养他们去适应社会；我们也要让企业不断学习和改变，从而去适应发展趋势。

如果从现在开始，你还是把企业当“猪”养，那你一定会被神一样的对手打得落花流水，因为你的企业本身就是一头“猪”。

但如果你把企业当孩子养，那我相信，你的企业一定会独一无二、充满希望。

很多人说，把企业当做孩子来养成本很大，耗费的精力也很多。况且，能活过几十年的企业是几十万分之一，没必要那么累。

那么，前面第二章谈的国外企业寿命统计数据，就可以很好地回答这个问题。

为什么欧美、日本等企业的寿命这么长，产品品质这么好？

因为他们追求的不是销售利润最大化，而是把企业当成孩子一样，整天想着怎么把企业做到最好，这个企业怎么才能成功交给子孙。

案例分享

他们如何把企业当做孩子养

1. 日本天皇喜欢吃的糕点店

2016年笔者去日本出差，有间小店，小店门口贴了一个牌子，上面写着“今日是本店成立147周年的纪念日”，我们很好奇地一看，是两对老夫妻创立的。店里的一个女孩子说，他们是做糕点生意的，147年以来他们只做糕点，连日本天皇都喜欢吃他们的糕点。我们从她讲的过程中感受到无比的幸福。他们整天想的是什么样的糕点人们才会喜欢吃，怎么把糕点店经营得更好，人们才会常来。

2. 伦敦老头的奶酪店

几年以前星巴克的创始人分享过一个真实的故事。他说到伦敦出差，走过伦敦的牛津大街。这里是寸金之地，然而这里却有一个很小的门脸，卖奶酪。

其实在伦敦，卖奶酪跟卖盐一样，很辛苦，不赚钱。他看到一个老头穿得很干净在小店里卖奶酪，很好奇，就走进去问，这条街的房租这么贵，你赚的钱能够付得起房租吗？老头对他说，如果他买10英镑的奶酪，自己就告诉他原因。

于是，他买了之后，老头对他说："你问我到底付不付得起房租？年轻人，你过来，把头伸出去看看，这条街上的大部分房子都是我们家的。我们家世世代代以卖奶酪为生，赚了钱买一个又一个店面，今天就卖成这个样子，我就喜欢做奶酪，我儿子还在做奶酪，我们觉得这些奶酪就和我们的孩子一样，我们祖祖辈辈觉得这是一个幸福的行业。"

老头说得没错。企业做幸福了，你才幸福，不要去跟别人比，谁大，谁强；做快乐，做幸福，做愉快，我们觉得这样才会真正的舒服。把企业当做孩子，有孩子陪伴的时光是最幸福的时光，哪怕有时候会不顺。我们一直认为，我们到这个世界来不仅仅是来做事业的，还是来体验生活的，是体验做人的愉快的。每个人只能活3万多天，每天过完之后，打一个叉，日子就越来越少。好好过日子，不要老想做大做强，做得舒服，就好。

第三大困惑：把客户当做上帝、朋友，还是恋人

客户就是上帝，是现在很流行的一个名词，用于行业之间，也是很多企业进行客户管理的指导思想。

然而，前几年海南三亚旅游的宰客现象，让市场又多出了一个新名词：客户就是猪肉。把客户当成猪来宰，这样赚钱更快更多。

还有人说，应该把客户当做朋友，当成恋人来对待，这样与客户关系的发展更好。

那么，究竟应该把客户当成上帝、朋友还是恋人呢？

1. 客户是上帝吗

在我国传统的思想中，人统治神，而非神统治人，上帝的概念在我们身上是模糊的。所以，我们干脆把这种思想带入到营销当中，想当然地认为能为企业埋单的客户就是决定企业命运的上帝。

中国人对上帝的莫名理解直接决定了中国式营销困难重重：客户说我是上帝，我永远是对的，企业就必须无条件为我服务。

那么，既然客户是上帝，我们就要无条件满足他，于是企业的成本便无法控制，不亏死也会累死。

因此，可以说中国企业营销最大的错误就是“把客户当成上帝”。“客户是上帝”这句话极大地误导了中国营销人，甚至客户。

其实，营销人都知道客户是要区别对待的。京东商城 CEO 刘强东曾经也提到，京东商城会“主动放弃”那些连硬盘格式化都不知晓甚至不愿下楼取一趟包裹的客户。其实，京东商城放弃的就是那些把自己当成“上帝”的顾客。

那么“客户是上帝”到底是什么意思？其实，这里的上帝只是个寓意，那就是尊重。客户是上帝说的是企业要像尊重上帝一样尊重客户，要以客户为中心。企业要了解并满足客户的需求，为客户创造价值。

比如，沃尔玛的服务原则就是：“客户永远是对的。”但是，客户永远是对的并不代表客户是上帝，这种观念所表达的只是尊重客户，以客户为中心，并不意味着要把客户像上帝那样捧着。可是，“客户是上帝”这句话却误导了无数人。

2. 假如把客户当朋友

在生活中，朋友意味着真诚，意味着信赖。朋友就是那个在自己困惑时给自己指明方向，提供选择的人。我们与客户之间也是如此。全球销售畅销书《销售圣经》的作者、著名销售专家杰弗里·吉特默曾说过这么一句话："人们更喜欢从朋友而不是从销售员那里买东西!"

换位思考能让我们明白客户真正需要的是什么。要想钓到鱼，就要像鱼那样去思考，聪明的企业都会以朋友的心态去对待客户。每一位客户都渴望得到更多的关心和重视，渴望得到适合自己，并能给自己带来良好体验的商品和服务。而只要你能成为他的朋友，就可以很容易地实现这一点。

那么，如何让客户把你当做朋友呢？我们认为以下几点可以尝试：

（1）不为难客户。

谈合作、谈项目一定要讲究时机。时机不好，好合作也会泡汤。当客户有为难之处时，一定要体谅客户，不要让客户为难。比如他正有事，他认为那样做会不合适或不能做的话，你就要马上停止你的要求，并告诉他不管怎么样，你都非常感谢他。你的善解人意会让他觉得抱歉甚至内疚，下次一有机会他就不会忘记补偿你。你也不会因为强人所难而丧失与这位客户今后继续交往的机会。

（2）替客户着想。

我们与客户合作一定要追求双赢，特别是要让客户也能漂亮地向上司交差。我们是为公司做事，希望自己做出业绩，别人也是为单位做事，他也希望自己把事情办得漂亮。

因此，我们在合作时就要注意，不要把客户没有用或不要的东西卖给他，也不要让客户花多余的钱，尽量减少客户不必要的开支，客户也会节省你的投入。

(3) 尊重客户。

每个人都需要尊重，都需要获得别人的认同。

对于客户给予的合作，我们一定要心怀感激，并对客户表达出你的感谢。而对于客户的失误甚至过错，则要表示出你的宽容，而不是责备，并立即共同研究探讨，找出补救和解决的方案。这样，你的客户会从心底里感激你。

(4) 信守原则。

一个信守原则的人最会赢得客户的尊重和信任。

满足一种需要并不是无条件的，而必须是在坚持一定原则下的满足。只有这样，客户才有理由相信你在推荐产品给他时同样遵守了一定的原则，他们才能放心与你合作和交往。

比如，适当地增加某些服务和培训是可以接受的，但损害公司、客户甚至别人利益的要求绝不能答应。因为当你在客户面前损害公司或别人的利益时，他会担心他的利益也正在受到威胁。

(5) 多做些销售之外的事情。

比如，我有客户要找教委的某领导咨询，却找不到好的机会。如果我认识又有机会，我就会为他引荐。比如他们需要某些资料又得不到时，我就会帮他去寻找到。甚至，他们生活中碰到的一些困难，只要我知道又能做到时，我就一定会帮助他们，这样，我与客户就不再是合作的关系了，更多的就是朋友了。这样，一旦有什么机会时，他们一定会先想到我。

(6) 让朋友推荐你。

如果前面的要诀都掌握并运用自如的话，你就会赢得客户和朋友的口碑，你的朋友就会在多数也是他同行的朋友中推荐你。那么你的生意就会犹如原子弹爆炸，迅速在业界扩张起来。你就达到了生意的最高境界：

“让客户主动来找你。”

（7）不要忽视漂亮的收尾。

所有的工作都做完了，你与客户的合作告一段落，是不是就终结了呢？也许这是大部分业务员处理的方式，但事实证明这是一个巨大的错误。事实上，这次生意结束的时候正是创造下一次机会的最好时机。千万别忘了送给客户一些合适的小礼品，如果生意效益确实不错，最好还能给客户一点意外的实惠。让每笔生意有个漂亮的收尾带给你的效益不亚于你重新开发一个新的客户。

如果你前面的工作尚欠火候，或者在合作中有些不如意的话，这个时候这样做就能很好地实现这个目标。如果前面的合作可能有些不如意的话，这更是个很好的补救方案。因为大部分的人都认为既然合作完了，那么我们与客户的关系也就自然结束了，所以对这种不求回报的最后感谢，他们马上就会把你从合作关系提升到朋友关系上来。那么下次再有需求时机会肯定就是你的。

3. 客户关系的最高境界：把客户当恋人

“把客户当恋人”或许是待客的最高境界，是客户关系管理最先进的策略，它比“客户就是朋友”上了一个台阶。

“恋人”比“上帝”更现实和生态，比“朋友”更加亲密和持久，“恋人”才是大家心中真正的最爱，并且他们之间的关系是互动的。我们中的绝大多数人或多或少都有自己的恋人，恋人在我们心中的地位大家心知肚明。

“客户就是恋人”是“以客户为中心”的产物，这种理念是现实而生态的。“以客户为中心”的经营理念的最终目的不仅仅是客户的一次购买，而是通过企业对客户的优质服务来增强客户满意度。“客户满意”不再是企业的一种装饰，“客户忠诚”成为企业追求的重要目标。企业清楚地知道：没有客户满意就没有客户的忠诚，没有客户的忠诚留住客户只会成为一纸空文，“以客户为中心”必然付诸东流。

所以“客户满意”是企业的出发点，而“客户忠诚”则是企业的归宿点。增强客户满意度，提高忠诚度，最终达到留住客户的目的，挖掘客户的终身价值。一句话：服务好今天的客户就等于创造明天的市场。

未来是以客户关系管理为主导的时代，这将改变传统大规模营销的“群体客户”目标，而转向“一对一”营销，在这种情况下，就要求企业的经营者把客户视为恋人来看待。

案例分享

R&M 与客户一起成长

Reiche & De – Massari AG，简称 R&M。是瑞士（苏黎世）一家在信息技术领域拥有 50 多年历史经验的独立型跨国企业，在全世界有 17 个分公司，总部位于瑞士，亚太总部设在新加坡，并于德国、法国、中国、日本、印度等地设有分公司。每年的营业额超过 3 亿美元。

R&M 公司一直致力于通信网络（第 1 层）的电缆解决方案，提供优质的铜缆、光纤产品，切实履行对客户的承诺，并取得了良好的声誉。

R&M 公司是 2004 年才进入中国市场的，然而那个时候中国市场上已经云集了众多国内外主流的布线品牌。可是，为什么 R&M 公司还是能在中国越做越好，并取得越来越多的客户认可呢？

原因在于：

1. 基础：高标准的产品性能

R&M 公司的产品性能能够达到很高水平，以至于超越国际设定的标准。此外，R&M 产品的设计不仅仅考虑到施工，也考虑到客户端，并且对客户端的设计考虑得很周全，这是很多厂家都没有的考虑。他们针对不同的市场有不同的设计，对不同类型的用户有不同的针对型设计，能够根据客户的需要配置产品性能。

2. 优势：高要求的产品质量保证

R&M 大部分产品主要在欧洲净化车间全自动流水线生产，100%原厂质量测试，欧洲第三方布线实验室（3P 实验室）认证，SGS（瑞士通用公证行）认证。此外，R&M 公司还承诺提供以下三个层次的先进的质量保证体系：

（1）5 年产品部件质量保证：R&M 的部件性能超过 ISO11801 和 EN50173，在材料及工艺上无质量问题。

（2）25 年系统部件质量保证：在满足所有综合布线系统使用的产品全部是 R&M 公司产品，而且其系统安装全部由 R&M 认证的安装商安装的条件下，R&M 公司将提供 25 年的系统部件产品质量保证。

（3）应用的终身保证：在满足综合布线系统由 R&M 认证的设计师设计，并由 R&M 认证的安装商安装的条件下，R&M 公司将提供无限期的应用质量保证。

3. 撒手锏：恋人般的客户服务

R&M 公司让客户最为满意的是它对待客户像恋人一样，呵护关心着客户的每一个细节，并与客户一起成长。具体表现在以下几个方面。

（1）R&M 公司在中国很多地方都设立办事处，它们不单单只有售前的服务，还会定期与合作伙伴了解客户需要，做到时时为客户考虑，给予客户支持。

（2）R&M 公司还会陆续聘请一些经验丰富、技术过硬的工程师来为客户提供服务。

(3) 这还不够，R&M 公司还会定期对集成商、安装商等做一些技术培训，使他们做好充分的准备工作，更好地支持客户。

(4) 除此之外，R&M 公司还会定时去施工现场进行检查，确保与客户进行密切的交流与联系，了解工程进度，提供准时、正确的供货和服务。施工完毕后，还会监督安装商进行系统安装，并帮助客户给予评价。

(5) 在测试方面，它还会将测试报告反馈给瑞士的工厂，进行系统的最优化与检查，并提出改善建议。

试问，这样的客户服务，客户怎么能不爱呢？

R&M 公司之所以能够在激烈的市场竞争时进入，并发展得越来越好，是有道理的。

第四大困惑：把员工当做雇员还是合伙人

很多老板都认为，我请员工就是来为自己干活的、赚钱的。殊不知，正是这种想法，赶跑了很多优秀的员工。很多老板失败的原因，就是因为没提供晋升通道，没让员工成为合伙人，而让优秀员工都跑到对手的阵营中去了。

很多员工都有这样的想法，我为老板干活，老板付我一份工资，等价交换而已，我只要对得起这份薪水就行了。

这种“我不过是在为老板打工”的想法很普遍，在许多人眼里，工作只是一种简单的雇佣关系，做多做少，做好做坏，对自己意义都不大，达到要求就行了。因此，工作的质量、标准都不会高。

而只有抱着“为自己工作”的心态，才能将手中的工作做好，也才能最终获得丰厚的物质报酬，实现自身的价值。

1. 传统的“雇佣关系”逐渐失效

传统的员工“雇佣关系”几乎可以用“胡萝卜加大棒”来比喻——干得好，给胡萝卜，请再接再厉；干得不好，打一大棒，请吸取教训，别再犯错。

然而，在经济发展、教育普及、就业选择多样化的当下，管理中的“大棒”和“胡萝卜”越来越失去作用。员工忠诚度低、敬业度低、凝聚力低、流失率高成为当下许多企业长期面临的问题。而相比国企和外企，民营企业在这方面可能要更严重一些。

很多企业老板包括管理者，也总在抱怨现在的员工“打工心态”严重且普遍：做事敷衍了事、缺乏责任心、只想着自己的收益却不考虑公司的利益、频繁跳槽……事实上，当企业仅把员工当做雇员时，员工又何尝不是在“打工”呢？

2. 如何解决员工的打工心态

一些现代管理工具中，无论是360度考评、绩效考核还是目标管理等，其最终目的都是希望员工有更高的积极性，更强的责任心，把事做好、做到位、做出成果。由此可以说，管理的最终目的都是充分调动员工工作的积极性、主动性及责任心。

而我们觉得，最直接、最有效的解决方案就是让员工自己当“老板”。

日本的稻盛和夫发明的“阿米巴”经营方式，将员工按生产线或工序分成不同的小组，每个小组独立“经营”，小组成员的收入和经营的业绩直接挂钩。国内企业海尔引进这一模式，称之为“内部模拟市场”。无论是阿米巴还是内部模拟市场，其本质都是让员工自己当老板，杜绝“打工心态”，进而调动员工积极性、责任心，提高忠诚度，使得其在公司这个平台上和公司一起将“蛋糕做大”，蛋糕做大后的好处是他也能分到较大的一块蛋糕。

庆幸的是，国内越来越多的企业已经转变观念，开始了这方面的探索。

3. 新模式：将员工变成合伙人

如何让员工自己当“老板”？如何让员工与企业一条心？如何让员工不断进取为公司卖命？这些问题是所有企业管理者都关心的问题。针对这些问题，近几年来，合伙人制度也越来越受到管理者关注。

（1）何为合伙人？

合伙人的具体表现就是员工获得股份、分红权、成为股东、成为公司的主人的一个过程。如图 3－2 所示。

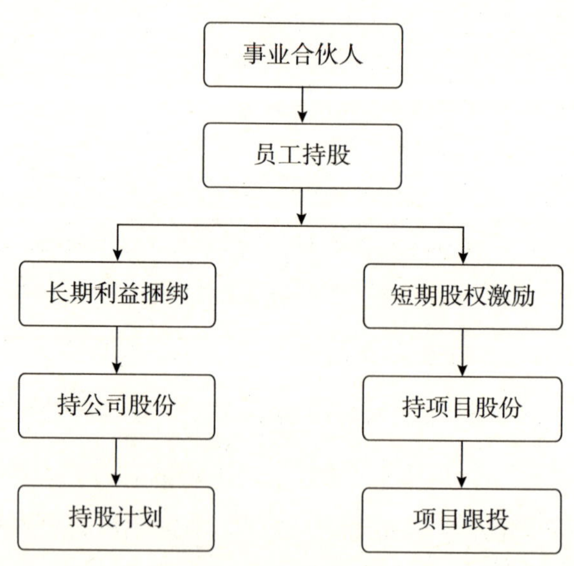

图 3－2　何为合伙人

所以，我们能从图 3－2 中看到，根据员工持股计划的实施，合伙人和股东的利益往往是一致的，损害股东的利益实质就是在损害自己的利益。

而在员工持股方面，合伙人制度根据长期利益捆绑和短期激励各自的不同目的，主要分为持有公司股份和持有项目股份两个方面，就是所谓的持股计划和项目跟投。

（2）合伙人的特点。

在企业的传统利益分配模式中，股东、管理层、员工之间的关系是自上而下的指令关系和分配关系。

企业的管理决策从上向下传达，但被动接受指令的下级会因为个人本身的理解能力、个人利益和主管动力等原因导致执行力度层层递减，最终导致经营效率的降低。同时，企业经营成果的分配完全由上级决定，并通过固定薪酬、绩效考核等一系列手段进行绩效评价和发放，这样的形态下员工完全处于被动的状态。

而在合伙人制度中，员工不再是单纯的劳动力出卖者，而是成为了自己的主人，这从根本上改变了人力资源利用的效率。由于角色的转变，上下级之间单项命令式的管理所带来的消极作用被消除，管理成本也就下降了，在这种情况下，员工更愿意付出，因为这样的付出和自己的收益直接相关，如图3－3所示。

（3）利用好合伙人制度的四大要点。

想要真正利用好合伙人制度其实不容易，阿里巴巴、万科这样的企业也都走过弯路，我们简单来总结一下做好合伙人制度的四大要点。

第一，做好跟投规则。

实质就是谁能投、投多少，不同企业的跟投规则都会不太一样，但是实施好跟投规则，员工就会从原来接受任务演变为积极寻找解决方案。

同时，好的跟投规则还会让员工的跨部门、跨公司沟通变得无比顺畅，从中也不会扯皮，大家共同寻找最优的解决方案。

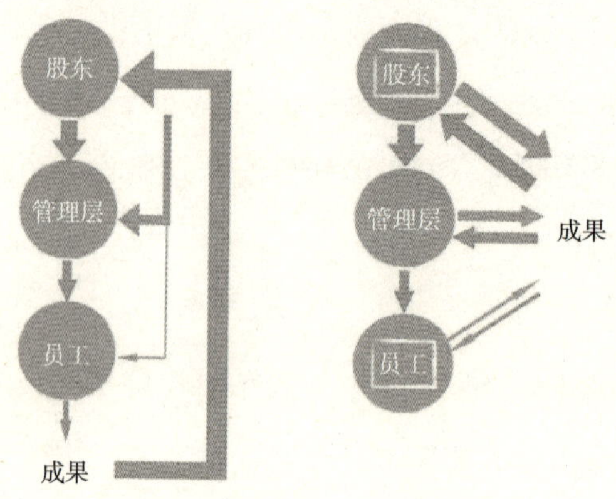

图 3-3　合伙人制度对比

跟投做好了之后，人人都将会变成企业的“营销人员”，因为所有人都会认为自己是公司和项目的主人，所以自然会做好工作。

第二，做好合伙人的文化。

很多管理者认为做好合伙人制度就大功告成了，其实不然，合伙人文化才是合伙人制度的内核。

举个例子，万科的事业合伙人制度，在近几年几乎把万科的文化都给颠覆了，原来是精英主义的万科公司，现在就是一家去精英主义的企业。

万科的合伙人文化就是：信任文化+协同文化+去金字塔化。

第三，接受阵痛。

任何变革都会带来伤痛，合伙人制度也不例外。

合伙人制度在推行的过程中一定会遇到不少的阻力和困难，因为这项制度动了一部分人的蛋糕。

但是大家都知道，往往某项变革让别人痛了，才说明变革有了效果，所以不必担心，接受阵痛，没有谁的奶酪是不能被动的，变革动了一些人的奶酪，说明变革真的落到了实处。

第四，合伙人制度的升级。

沿着万科事业合伙人的思想，万科地产总经理郁亮提出“事业合伙人2.0或者3.0版本”，比如，未来能否将合伙人制度跟投扩大化，将产业链上下游也变成合作伙伴。这相当于除了企业的员工，将产业链的利益相关者也发展为事业合伙人，从一家公司出发，作为平台进行内部创新，创新的最终结局是重构一个生态体系。

案例分享

阿里巴巴合伙人操作制度简介

1. 合伙人基本要求

在阿里巴巴工作5年以上，认同阿里巴巴企业文化，有优秀的领导能力，并对公司发展有着积极作用的管理者。

合伙人必须持有公司股份，且有限售要求。

2. 合伙人推荐流程

在任合伙人向合伙委员会提名推荐，并由合伙人委员会审核同意其参加选举。

在一人一票的基础上，超过75%的合伙人投票同意其加入，合伙人的选举和罢免无须经过股东大会审议或通过。

3. 合伙形式

赋予合伙人更多的公司事务决策和董事会席位，但不享有公司大部分的股权，可提名阿里大多数的董事，由股东会投票表决是否通过，若否决，合伙人可另行提名人选。

具体操作如图3-4所示。

合伙人
75%赞成票
合伙人投票
候选人推荐
审核
合伙人委员会
未通过
董事提名
指定临
时董事
股东大会
表决通过
董事会
企业经营

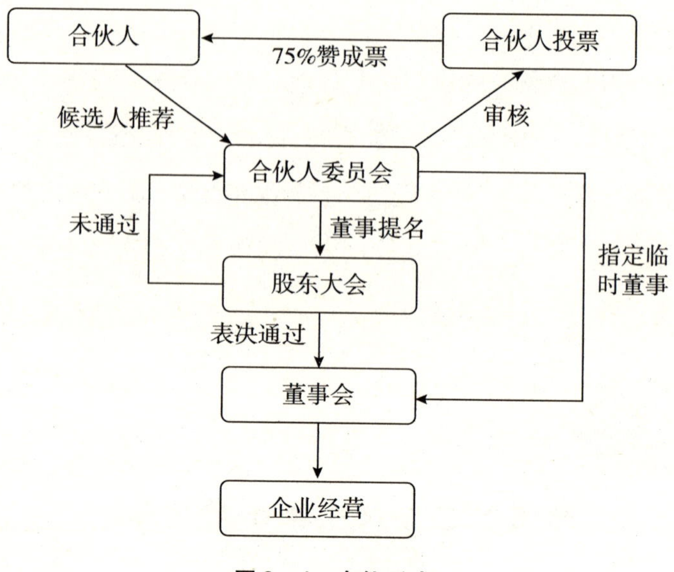

图 3－4　合伙形式

第四章　制约企业发展的两大核心问题

企业的经营管理很复杂，遇到的瓶颈也非常多，无论是六大挑战还是四大困惑，对于企业来说，都是需要经历的挫折。但其实仔细分析，企业经营管理的这些问题，总结起来无外乎两个核心方面：“人”和“事”。

看一家企业是否很好，就看这家企业对内外部的各项“人”和“事”是如何运营和管理的。

企业相关的“人”和“事”能够处理得恰当，企业发展将会通畅无阻；相反，则会变成企业发展的瓶颈。

企业相关的“人”包括：

企业家、老板个人（老板）。

企业内部的员工、核心骨干（员工）。

企业外部的客户（客户）。

……

企业相关的“事”包括：

环境（天时）怎么分析？市场（地利）怎么分析？客户（人和）怎么分析？

企业战略怎么制定？计划怎么实施？执行怎么管控？

企业管理如何理顺？企业营销如何进行？

……

第一大核心：怎么搞定那些复杂的“人”

在企业当中，我们可能会遇到这样的问题：每天有很多杂事会分散精力，需要操心。产品问题、销售问题、员工问题、客户问题……每天这些事情弄得你焦头烂额，疲于奔命，但却不知道问题的根源在哪里。

其实这些企业的问题、员工的问题、客户的问题，大部分的问题都是人的问题。这些所有的困惑都是因为没研究明白“人”这一要素，你不知道对方想要什么，不知道怎么调动别人。人是大部分问题的根源，只要把人搞明白了，大部分的事情也就都明白了。

1. 解决问题之前，先搞定人

一件事情发生，一定有相关的人存在。

一群相关的人之中，一定有一个是关键的人。

这个人出问题，一定是他的行为先出问题。

他的行为出问题，一定是他的思想出了问题。

那么思想到底出了什么问题，找到问题点，并针对他的思想对症下药，就能解决问题。

就像一部车抛锚了，一定是哪个部件出了问题。人也是一样，思想出问题，我们就可以把他的思想“拆开”，看到底是哪个部件出了问题，然后一调整，事情就搞定了。

案例分享

巴顿将军是如何搞定下属的

第二次世界大战期间，巴顿在一份报告中发现了一个奇怪的现象：牺牲的盟军战士中竟有一半是在跳伞时，降落伞失灵摔死的。巴顿叫下属严查此事，但下属说这个问题已经向厂家反映好几次了，但厂家总有各种理由。巴顿一听恼火，立即把那个厂长找来，让他背降落伞从高空跳下。将军还说要不定期抽伞包让他跳，从此战士们再也没有因为降落伞失灵而身亡。

大部分的问题都是人的问题，不管多复杂的问题和人有关，而且往往就是一个人的事，你能把这个人搞定了，这个问题就不存在了。

在企业里，看似复杂的问题，只要你能透过现象看见本质，问题一定可以落到某人的头上，所以，有智慧的老板不会“对事不对人”，那样解决不了根源问题，就像巴顿将军那样，不和你纠缠具体的事物，不和你探讨原材料，不和你谈管理，不和你谈质量，直接让厂长跳伞，立竿见影。

所以，企业出现问题以后，不是“对事不对人”，而是“先对人再对事”！

有智慧的老板除了给员工开工资，更要照顾到员工的心理需求，这个成本接近于零，一本万利！

2. 搞定人之前，先读懂人心，利用人性

一个人不管他多强大，不管他多成功，他的思想都是由三个部分构成的：

有他自己想要的东西。

有他相信的途径。

有他自己的做事方法。

所以，只要把人研究透了，就很容易引导他做出我们想要的行为。我们常说，人心太复杂，看不透，其实是因为你不了解人。如果你不了解人、不了解人性，任何人你都会觉得他复杂。如果能解码人性，那么管理员工、搞定客户都是轻而易举的事。

案例分享

和尚分粥

在一座庙里有7个小和尚，每天早饭他们都要分一桶粥。但是，每天都有人不够吃，因为粥总是分不均匀。谁分粥的那一天谁才可以吃饱。师兄弟们开始相互抱怨，指责别人存有私心，最后他们只能向师傅求助，到底该由谁来分粥。老和尚捻着须髯说道："谁分粥都可以，不过分粥的人要等到其他人都拿完后拿最后一碗!"从此以后，不管轮到谁分粥，7份粥保证都一样多，大家再也没有过纠纷。

老和尚的方法很简单，但效果极好，因为他了解人心和人性。粥到底由谁来分其实不重要，谁去分都会出现同样的问题，这个和道德无关。因为每个人的潜意识都会选择对自己最佳的行为，并不是说谁自私，谁无私的问题。

就像在企业里，某些特殊岗位容易出现问题，某个员工出问题了，老板往往把这个人定义为"道德品质败坏"直接辞掉，再换一个新的人上来，后来发现还是会出现同样的问题。

所以，企业和老板应该怎么做？可以借鉴一下那位老和尚的思路，不是挑战人性，而是利用人性，从而得到自己想要的结果。

要利用人性，需要了解人性的弱点。

现实中，人性的弱点不少：贪婪、恐惧、嫉妒、懒惰、好色、贪慕虚荣、难抵诱惑、害怕孤独、热爱免费、重视等级、迷信专家、崇拜名人、喜随波逐流……关于人性的一切弱点，也正在被企业运用和营销。

案例分享

互联网企业如何运用人性设计服务

第一部分，贪婪营销。

在人类社会发展的长河中，贪婪推动了这个社会的进步。有关销售的网站都巧妙地利用这一点，在某种意义上来说，贪婪是推动销售的中坚力量。从总体来说，该类网站的制胜法宝就是巧妙地运用低价这一特点，充分激发人类贪婪的本性，让人一次次心甘情愿地点击购买。贪婪也让这个社会的大量资源被无情地给浪费了。

1. 团购

以时下最为火爆的团购网站举例来说，超低价格的诱惑是它最具吸引力的地方。以低至三折甚至一折的价格能享受原本昂贵的产品或服务，这恰恰击中了人性的弱点，使很多没有硬性消费需求的网友盲目地参与了团购。

团购网站都巧妙地设定了消费时限，迫使消费者怀有“今天不买明天就错过的心态”，参与了越来越多的团购，让人们在不知不觉中花费得更多。

结果，这种心态导致了很多人在大量团购之后感到很焦虑，因为当初购买了太多的团购券，又没有找到特别合适的机会去使用，而且已经临近有效期，于是便疲惫地奔波于各类商铺中，体验着那些同样也打了折扣的产品和服务。

2. 点购

最近非常流行一种新型的购物形式：点购。

用户可以按照一定价格购买竞拍权利（一般为1～2元），每次竞拍将使该产品价格增加0.01元，并且同时增加20秒竞拍时间。当竞拍倒计时归0时，当时的领先者即最后出价的用户便赢得该竞拍，最终用户以非常低廉的价格买走该产品。

这种类型的网站以非常低的成交价格吸引着众多用户。例如，价值5000元的iPhone 7手机竟以200元的价格成交，如此低廉的价格激发了用户贪婪的一面，使得很多用户不计金钱和时间成本无限制地投入，为网站创造了大把大把的利润。

赢得产品的人变得更加贪婪，想去赢得更多的产品。没有赢得产品的人因为已经投入了很多金钱和时间，不得不再次投入让收支平衡。这种恶性循环正是贪婪的魔力。

3. “秒杀”

同样，很多网站也非常流行一种叫“秒杀”的购物形式。

所谓“秒杀”，就是网络卖家发布一些限量的超低价格商品，只能在有限的时间内购买。这恰恰激发了人们无限的贪婪欲望。由于商品价格低廉，往往一上架就被抢购一空，有时甚至只用一两秒钟。

“秒杀”从无到有、从有到强不过三个月时间。这种购物形式同样会吸引很多人购买本不需要的产品，并且真正优惠的精品提供量都很少，很难抢到。这就没有满足广大客户的贪婪需求，使得类似活动很难再次激发出人们的购买欲望，所以这种购物形式正在走向没落。

4. 抽奖

虽然“秒杀”越来越不给力，但是抽奖这种非常普通的行销手段却长盛不衰。

特别是大量出现在团购网站上的各类抽奖活动。形形色色的网站都推出过类似“0 元购 iPad”等活动，甚至去抽“一套房”。这里也是利用人们贪婪的心理，去让客户注册、购买。与此同时获得大量的用户资料，之后再对其进行大量的团购宣传，重新满足他们。就像人人都想中彩票，却因此浪费了时间，进入了下一个消费陷阱。

5. 下载

我们身边的朋友和自己或许都有这么一种习惯，如果宽带是包月的话，就不舍得浪费每一秒钟，无时无刻不在下载。

比如一个用户想下载一本书，后来发现自己下载了上千本书，到最后却一本书也没有时间看。但是这种心态给他们带来了满足感。这样就造成了大量的用户下载了一堆将来有可能会用到的文件，从而推动了下载软件的发展和移动硬盘的发展。

6. 存储空间

这是一个非常有意思的现象。当您可以通过推荐你的朋友使用产品来增加自己网络硬盘的容量的时候，大多数人只是追求最大容量而不顾自己的实际需求。这些商家正是利用了用户“想要更多”的贪婪心理，让用户主动地为自己宣传。用户的需求是可以被满足的，但是用户的贪婪渴求是难以被真正满足的。

第二部分，女性营销。

利用女性进行营销，同样也是网站发展壮大的秘密法宝。从目前来看，许多企业都利用美女来博人眼球，对玩家进行心理上的刺激。

1. 美女社区

美女人人爱看，美女多的地方，人气自然也就旺。于是，许多以美女为标榜的网络社区应运而生，这种类型的网站往往以视频、图片、直播类居多，流量往往可以突破百万大关。

2. 美女玩家

许多游戏厂商在游戏上线之初会邀请一些“网红”加入，这些“网红”多为有一些知名度的美女，她们的加入炒热了以男性玩家为主的众多游戏，从而给游戏厂商带来利润。

3. 美女工会

更有一些游戏厂商，摸清了吸引玩家的手段后，自行组织美女工会，就像是经纪人公司一样。这种美女工会不仅吸引了众多游戏玩家争先恐后入驻自己的游戏，同时也创造出了自己的生存价值。

第三部分，虚荣。

人生的价值就是获得别人的肯定，过分地追求不合理的或者虚假的表扬就是虚荣。虚荣心是人类一种普通的心理状态。虚荣使一个人上瘾，同时也极其容易影响他人，这就是虚荣强大的力量。现在众多网站都注意到了这一点，下大力气在体现用户价值上面做足了文章。

1. 等级制度

使用QQ的用户都知道，如果你的QQ上有多个“太阳”，这证明了你QQ的资深身份。用户不得不长期地定时使用产品来证明自己高人一等的身份。腾讯巧妙地利用这种等级制度满足了用户虚荣的渴求，导致用户长时间活跃在线，并让腾讯获利无穷。用户之间互相攀比导致更多的人追求更高的等级，也影响了周围的人。

这也是把游戏的等级部分延伸到游戏以外。现在有更多的网站加入进来，等级划分、各种消费的金银虚拟卡等，无一例外地利用了人们虚荣的弱点，迫使人们做出了原本不愿意做的事情来证明自己的强大。

2. 号码抢占

抢占各种资源也是虚荣的一种表现。不惜代价地获得并维持漂亮的QQ号码，例如，现在身边有些朋友每个月迫不得已支付10元来保持住自己7位的QQ靓号。更有甚者，会为了证明自己花费名目繁多的费用来点亮各种QQ标示。

3. 位置服务

正因为加入了各种勋章、虚拟称号，LBS（位置服务）变得火热起来。这同样满足了人类的虚荣心理，用户为了各种徽章和称号，自愿去自己原本不想去的地方签到。同样是因为虚荣，用户会向周围的朋友宣传自己的成就，吸引更多的人加入进来。这就是虚荣强大之处，需要别人的认可才能满足自己的虚荣。

用户通常都有持续登录Foursquar（手机服务网站）、Gowalla（地理位置服务软件）以及Facebook（脸书）地理服务的心理需求，并不是因为想要告诉朋友他们在哪儿，而是为了保护自己在某一地标上的领主地位不被他人取代。同时，对于那些没有成为领主的用户，他们也会努力去从现任的领主手中夺取这一称号。如果你因为经常忘记签到而让自己没有机会成为你所在的办公室或者咖啡馆的领主，沮丧感将随之而来。

4. 微博

微博也非常巧妙地利用了人们的虚荣心。用户可以炫耀自己的粉丝数量，这就激发了人们互相攀比自己的粉丝数量。同时网站也提供一项服务——“分配粉丝”，这就是在新用户刚刚注册时分配一些用户给他们，给网站提供了另外一条吸金途径。

用户会特别注意自己的发送内容的转发数量，转发的越多越能满足他们内在对虚荣的需求。这就迫使用户提供更多的高质量的内容去吸引自己的粉丝转发自己的内容，从而进入了一个良性循环。

第四部分，“窥视”之心。

强大的好奇心引发了各种各样的“窥视”行为，了解别人的欲望成为“窥视”的最大动力，同时“窥视”成为了社交网站发展中最强大的驱动力。

1. 博客

博客天生就是用来被人“窥视”的，它为想要了解你的人提供一种渠道。例如，你可以通过观察你女朋友的博客，去了解到谁经常浏览她的博客，她又有可能和谁建立了比较亲密的关系等。因为满足了“窥视”这种心理需求，使得曾经的人人网、开心网等众多社交网站发展迅速。

2. 隐身

正是因为网站提供了详细的信息，使得人们可以从这些信息中挖掘出很多有价值的信息。比如谁看了这个照片，谁在这个月内浏览你的博客过多少次等。这就使得有些人不愿意留下自己去“窥视”别人的痕迹，“隐身”这项功能就诞生了。它可以充分地满足人们“窥视”的心理需求，让他们安心地去看自己想看的内容从而不留下任何痕迹。

3. 名人博客、微博

名人博客的快速发展必须充分满足群众对于“窥视”他们的渴望。

名博经常会爆一些小料来让更多的人去关注他们的博客，粉丝们也想了解名人的私生活，会经常去看名人的博客，“窥视”他们的生活。

第五部分，懒惰。

凡是优秀的用户体验，必定满足了人性的懒惰。

懒惰是社会发展的根本动力。正是因为懒惰，汽车代替了步行，计算器代替了算盘，电子邮件代替了传统邮件。现在有越来越多的服务都专门向懒人提供，况且懒惰是人类的天性，人人都是懒人。人人都需要可以让其懒惰的服务。

1. 快捷键

一个拥有大量快捷键的产品总是受人欢迎的。

比如Google的各个产品都是用统一的快捷键，你可以快速高效地完成任务，懒惰的你可以尽量减少手臂的移动。大量的快捷键也可以让操作变得更加流畅，可以待在一个区域内去完成尽可能多的任务。人们耳熟能详的快捷键有复制、粘贴、撤销等。

2. 网购

“男人袜”是一个给懒惰的男人设计的网购网站。很多男人都不在乎穿什么样的袜子，因为袜子一般不会露出来。也很少专门为了买袜子去商场，最终可能很长一段时间都穿着有两个窟窿的袜子。

“男人袜”用极其简单的步骤满足了这帮懒惰的人的需求。这个网站甚至不用注册，直接使用支付宝支付一年的袜子费用，客户每三个月收到三双袜子。这样就非常完美地解决了“穿洞袜”的问题，中间的过程也极其简单。人类懒惰的本性让不懒惰的人找到了商业契机。

3. 简单

当遇到新的事物的时候，大多数人都以懒惰为借口拒绝学习。但是苹果公司对这一点把握得极其出色，它制造出了很多学习门槛极低的设备，这让这些懒人得到了充分的满足。这种极其简单的产品或者服务现在越来越受到人们的欢迎，比如说，最简单的文件共享网站Ge. tt，只需点击四下鼠标就可以把自己的文件共享给别人了。

Twitter为何流行？两个字：简单。简单是表象，隐藏的是懒惰。140字，不是限制，是自由。只能输入文字？很好，我本就这么懒。懒对于用户体验来说，就如五弦琴的第六弦，看不见，但却至关重要。

3. 如何搞定企业那些复杂的“人”

了解人性之后，我们如何搞定企业那些“人”呢？首先，我们需要知道企业的“人”有哪些，其次才是如何有针对性地解决他们各自的问题。

(1) 企业里的“人”主要分为三种：

企业家、老板个人（老板）。

企业内部的员工、核心骨干（员工）。

企业外部的客户（客户）。

(2) 如何搞定老板？

我们大部分老板最终想要的结果就是：让员工持续不断地跟随；让客户持续不断地购买等。这是老板的心性。

只要了解了老板的心中所想，帮助老板得到他想要的结果，问题就解决了。

那么，想要让员工和客户持续不断地跟随和购买，就必须帮助老板了解员工和客户的需求，只要满足他们的需求，老板的问题就解决了。

(3) 如何搞定员工？

员工的三大需求：

第一，物质需求。即衣食住行，可以用一个字代替：“钱”。

第二，荣誉需求。即学习成长，在公司能学到什么？

第三，精神需求。即价值体现，在公司将来有什么希望？

我们要解决员工的物质需求，就要让员工赚到钱。

很多老板都舍不得分钱给员工，以为分钱给员工就是把自己的钱变少，其实这是错误的观念，钱一定是越分越多，当然有些老板也舍得分钱，但确实不懂得如何分钱，结果钱一分人心就散了。所以，一定要去认真学习一下正确合理的分钱方法。很多公司员工之所以不积极、业绩不好，主要是因为薪酬机制出了问题。

我们要解决员工的荣誉需求，就要让员工在公司有不断成长的机会。

老板就要制定好晋升机制，很多公司招不到人，留不住人才，没有人才，老板做了十几年，身边一个得力的人才都没有，这叫后继无人。什么事都要自己去做，总是忙得不可开交，往往还不是我们想要的效果，问题就出在晋升机制上，很多老板以为只要把钱多分一点就可以解决问题了，这是错误的观念。

我们要解决员工的精神需求，就要让员工在公司能看到自己将来的希望，能在公司实现自己的价值。

那老板就要打造好公司的文化，员工在公司不仅有钱、有荣誉，还要快乐，人一生的目标是不是实现成功、幸福、快乐的人生？为什么很多公司员工没有动力，老板说什么就做什么，从来不会自动自发，老板在公司的时候公司氛围感觉还好，老板不在一塌糊涂。这就是企业文化没有打造好的结果。

只要满足员工的这三大需求，员工的问题就解决了。

（4）如何搞定客户？

“马斯洛理论”把客户需求分成以下几种：

第一，生理需求（Physiological Needs）：基础产品功能和服务功能等需求。

第二，安全需求（Safety Needs）：企业环境、企业服务安全等需求。

第三，爱和归属感（Love and Belonging）：与客户人际关系的需求。

第四，尊重（Esteem）：营造周围相关环境，充分满足客户的尊重需求。

第五，自我实现（Self - actualization）：营造机会，满足客户自我实现的需求。

这五类，依次由较低层次到较高层次排列。

为了最大限度地了解客户需求，除了传统的市场调查活动，企业还应该设法分析你掌握的所有客户交易信息和其他数据，设法深入地了解客户的需求。不管你用什么方法来了解客户的需求，你的目标都是弄清楚为客户创造价值的突破口在哪里，关注你生产和销售的产品是否找到了这个突破口。

我们认为解决方案的程序如下：

第一，解决客户“生理需求”的方案：完善产品或服务功能，满足客户的生理需求。

客户在考虑购买产品或服务时，不仅会考虑产品自身的价值和使用价值，更会考虑该产品所可能提供的一系列的服务能为自己带来的便利。客户可能还希望在购买产品时能获得服务人员热情周到的招待；由于客户消费知识的局限性，希望企业能提供尽可能多的指导和信息；希望能获得送货服务、维修服务等。这些都是我们企业可以去为客户做的事情。

第二，解决客户“安全需求”的方案：组建一支专业的服务队伍，提升客户的安全需求。

企业要确保从事客户服务的员工保持积极、自信、果断的工作作风。通过员工的言行向客户展现自信，能够始终为客户的利益着想以及负责所有的客户问题。让客户了解到他们的电话、留言、疑问和需求都会得到专业的、及时的处理。企业还应该使客户知道，他们能够在本企业购买到质量一流、品质有保证的产品，企业能尽一切能力提供信息，来满足客户需求。此外，企业应该向客户保证他们的请求和意见会得到及时的处理，企业也会履行自己的承诺。所有这些做法都会使客户感觉企业会充分考虑他们的需求，他们选择该企业是明智的。

第三，解决客户“社交需求”的方案：创造良好的人际氛围，满足客户的社交需求。

企业想让客户在众多可选产品或服务中选择自己，仅有优质的产品或服务是不够的，这些都是商品化、物质化的，易于复制，竞争优势难以显现。实行“诚信 + 情感”客户服务，用真诚打动并温暖客户的心，就会产生“微波效应”，即一种穿透内心、由内而外的感动和震撼。有时候一份小小的祝福与问候或不经意间的真诚服务，会带来客户的信任和支持，同时会使客户感到自己得到承认和友爱。

第四，解决客户“尊重需求”的方案：营造重视客户的环境，充分满足客户的尊重需求。

企业必须让员工牢记“客户永远是对的”，假设有些时候服务人员认为客户是错的，仍然要尊重客户的意见或者需求，并且尽可能提供最好的服务。作为报答，客户也可能会尊重企业，并且对企业的努力表示感激。一句古老谚语的翻版可以把这一理念转化为一种观点：客户不会永远是对的，但他还是企业的客户。是他们在维持企业、发给员工工资、给员工带来福利、让员工有工作的机会。正确认识客户的价值，并且给予客户应有的尊重和服务，就很有希望赢得一个获得满意的客户。在此，列举一些尊重客户的简单方法：

a. 称呼客户的头衔或者名字末尾的字。如果是与客户电话联系，记录下与客户有关的信息。

b. 当客户开始讲话的时候，你就不要再发言，注意倾听。

c. 花一点时间记录下客户的问题和他所关注的事情。

d. 用相当一部分时间给客户回电话或回复电子邮件。

e. 在约见客户的时候做到准时。

f. 在与客户约定的期限范围之内，尽早地兑现承诺。

第五，解决客户“自我实现需求”的方案：创造更多“自我价值实现”的机会，满足客户的自我实现需求。

在马斯洛理论的层次等级中最高的层次是自我实现的需求，当客户对企业提供的产品和服务满意之后，可能会成为企业的忠实客户，会时刻关注企业，很想自己的建议能对企业有所帮助，因此企业必须为客户提供一个平台，以便随时了解来自客户的声音，积极吸纳客户的意见并认真改进，那么客户会感到他们的潜能在企业中得到发挥，对企业的忠诚度从而会大大增强。

第二大核心：怎么搞定那些复杂的“事”

企业发展中遇到的事情有很多，但我们认为这些事情其实可以归类。

我们发现，每个企业所处的发展阶段不一样，需要解决的事情也不尽相同。

企业的发展阶段可以分为初创期、成长期、稳定期、衰退期或持续发展期。每个阶段中企业需要处理的事情都会有所不同。

1. 初创期，企业需要处理哪些事情

初创期阶段，生存是企业第一目标，也就是说首先要解决“吃饭”的事情。

关键词：人治。

人治阶段要采取“人盯人”的人力资源管理策略，也就是我们通常所说的“人治”。“人盯人”策略简单粗放，和企业发展的第一阶段的情况是相适应的。

它最大的优点是管理成本低、决策效率高，适应了企业环境快速变化

的需要。纵观国内外众多著名企业的发展史，我们不难看出，这些企业在早期刚刚创立的时候，都有一些非常“厉害”的英雄人物，在他们身上至今还流传着很多被人津津乐道的管理逸事，比如微软的比尔·盖茨、海尔的张瑞敏、联想的柳传志等。这些企业正是在这些“能人”的带领下，一步一步走向辉煌。

在企业发展的这个阶段，有数据显示，在我国有22%的企业在这个阶段死掉。

关键事情：生存。

生存阶段，企业的目标就是生存，这个阶段谈什么公司管理，流程、制度建设都不是很现实。在这个阶段，企业要解决的事情就是以业务和销售为主。

关键问题：老板不要一直往前冲。

老板不要一直往前冲阶段，老板特别的忙，总是担心别人不会做，事事亲力亲为，老板冲得越快，企业就死得越快。因为你没有培养人才梯队，永远只靠你一个人。什么都要老板来做，那还要员工做什么。但是，如果老板老是抢着去做，完全不给员工发挥的空间，那什么问题都会推给老板，老板会累死。

忙、盲、茫是这个阶段老板的痛苦，需要杜绝。

如何解决这个问题呢？

（1）适当安排员工。

（2）打造团队。

（3）学习管理知识。

2. 成长期，企业需要搞定哪些事情

成长期阶段企业规模扩大，人数增加，竞争性增强；经营业务范围不

断拓展，业务量增大；组织机构也随着相应扩大，管理层次增加；内部分工越来越细，专业化程度提高；管理工作量大，日趋复杂，单纯依靠经营者个人能力维持企业运行的粗放型管理已经不再适应企业发展，一方面，经营者个人的时间和精力不允许，另一方面，经营者的专业知识和能力也难以满足日益复杂化和专业化的管理需要，决策权由高度集中逐渐向分权转变，职业经理人进入角色开始发挥作用；企业规章制度不断建立和健全，开始实行规范化、系统化的管理，企业文化逐渐形成。

关键词：法治。

法治阶段企业快速发展壮大，竞争越来越激烈，各种资源全面变得紧张，企业必须依靠提升企业管理水平来求得发展，首要任务是制度建设，即“法治”。

在我国，有67%的企业在这个阶段死掉。

关键事情：培养员工及放权。

在经历过原始积累阶段的生存努力之后，很多企业都会慢慢找到属于它的生存方式、业务模式、盈利模式、财务管理模式等，在企业发展的过程中，这个阶段是企业开始成长的时期。这些是一个公司运转的基础。这个阶段人员也增长得很快，企业进入到了快速发展的阶段。

在这个阶段会遇到两个问题：

一个问题是，企业具有一定的营业额和规模，进入初步规范化管理，但是很多管理决策还需要老板的参与，经营权和所有权没有分开，将会碰到管理危机。

另一个问题就是，老板的战略很好，但是员工的能力却跟不上。

对于一个团队来说，在企业发展的过程中发挥每个成员的特长，才能够更好地为团队完成任务。在工作中要充分发挥所长，将个人利益和集体利益协调一致，才能使团队更具活力，也才能使我们的方向更为正确、速度更快。在企业的发展过程中，企业与企业之间的竞争，既是业务的竞争，也是人才的竞争，更是人与人之间能力的竞争，一个企业真正、唯一的持久生命力就是你比你的竞争对手快多少，你是不是一个更新换代、新陈代谢非常快的学习型组织。

所以，当企业进入快速上升期之后，面临的最大挑战是人的问题。如何把合适的人放在合适的位置上，如何找到正确的人来做正确的事情，如何提高人的积极性，如何提高领导自身的修养，如何提高企业的核心竞争力，如何不需亲自主刀，而是指导、培养一批人，即使创业者不在的时候也依然能把企业做好。

关键问题：所有制度要健全。

所有制度要健全阶段，缺乏管理意识是普遍现象，其实老板自己觉得还可以，而中层的主管却留不住，他们跳槽就把客户资料都带走。这个时候要做到人走没关系，形成企业文化，用文字形式把制度留下。这个阶段具体表现在：

（1）规章制度都不健全。

（2）中高层管理水平偏低。

（3）政令不明，搞小团体主义。

如何解决这个问题？

（1）健全组织制度。

（2）完善人员架构。

3. 稳定期，企业需要解决哪些事情

进入稳定期阶段，企业的灵活性、成长性及竞争性达到了均衡状态，其发展方向有三种：

一是经过短暂的繁荣后进入第四阶段，即老化、衰退阶段，这是企业

最不愿看到的。

二是企业不断进行微调，尽可能延长这一阶段。

三是企业积极而稳妥地推进企业内部变革，进入到新一轮增长期。

关键词：德治。

在德治阶段，企业应当实行“德治”或者说“无为而治”。无为而治不是不为不治，而是要有所为以达到有所治，企业管理的重点应转移到长期性的、着眼于企业可持续发展能力的方面，通过构建企业文化来保持企业发展的活力。

关键事情：规范化和新蓝海。

规范化和新蓝海阶段，企业管理要实现规范化、制度化。除此之外，企业还需要找到新蓝海，保持持续稳定发展。

关键问题：要科学精细化管理。

科学精细化管理阶段可怕的危机是官僚主义，谁都不理谁。行政、销售、生产内部不协调。公司这时应由职业经理人负责，其他股东寻找新的产业链去发展，股东要退出管理。

危机：各岗位职能权限不清晰，下层人员喜欢拉帮结派，多头马车，不知道听谁的。各个部门之间协调不好，谁都不理谁。

如何解决这个问题：

（1）要分工种，各岗位职权明确。

（2）投资者与管理者分家，科学化管理。

各岗位职能权限分工明确，增加产业链，管理者、投资者分家，减少明争暗斗，由职业经理人打理，剩下的由股东去寻找新的盈利点；要走正规化管理的道路必须要学习，学习成功企业先进的管理方法，靠运气经营的时代已经过去。

4. 衰退期，企业需要解决哪些事情

企业进入衰退期阶段并不意味着它的生命已经走到最后，如果及时进行改革，还可以“起死回生”，进入新的发展期。

关键词：重生。

从上述分析可知，旧有的那些管理“套路”不再适合企业的发展，企业正在走下坡路，必须改变过去不合理的管理机制、制度、方式和方法，实现重生。

关键事情：改革再造。

这时，企业发展的目标是寻求企业重整和再造，使企业获得新生。企业的核心任务是改革，大力进行整治。

企业在这个阶段首先要重新梳理和制订公司发展战略，通过对宏观环境、行业环境、自身资源的详尽评估，重新确定企业成长愿景、定位以及总体发展战略、业务战略和职能战略。其次，对已经出现的具体问题，比如组织问题、绩效管理问题、流程问题等，在发展战略的指导下进行整顿和改善。在企业的发展历程中，这样的衰退期将会不止一次地出现，如何有效地利用它做到化危为机，是企业在这个阶段要考虑的核心事情。其中包括：

（1）组织的流程化运作。

（2）精益化制造。

（3）文化型组织。

（4）自主化组织。

（5）核心竞争力。

（6）扁平化组织等。

（7）知识管理。

关键问题：做好转型升级。

转型升级阶段，可能面临销售量下降、生产萎缩、成本上升、利润明显下降、竞争淡化。

转型升级阶段的产品销量猛降，新产品不断出现，老产品前途黯淡，重点突出“转”。

（1）建立一套制度，及时发现并剔除“超龄”产品。

（2）决定营销策略。

其一，维持营销策略。即保持原有的目标市场，沿用过去的营销组合策略，继续在原有的市场上销售。

其二，集中营销策略。即企业简化产品线，缩小经营范围，把企业的人力、物力、财力集中起来，生产最有利的产品，利用最有利的中间商，在最有利的细分市场上销售，以取得尽可能大的经济效益。

其三，榨取营销策略。在一定时期内，不主动放弃疲软产品的生产，而是大幅度地降低促销费用，强制地降低成本。这样在短期内虽然销售有所下降，但由于成本下降，企业仍能保持一定的利润。

（3）做出放弃的决策。

（4）做好转型的新市场调研。

第五章　决定企业成败的核心关键

我们发现，影响企业的那些“人”和“事”，可以统归为一个最终问题，就是：你的经营思想不成熟，经营思路跟不上，你的初心不对。

这是影响一个企业成败的核心。

尽管外部的环境变化多端，内部的问题不断，但万变不离其宗。只要你的经营思想是正确的，你的思路是正确的，你的初心是正确的，你能看到问题的本质，你能掌握其中的关键，就能走到成功的彼岸。

没有不好的行业，只有不好的企业。

没有不好的企业，只有不好的管理团队。

没有不好的员工，只有不好的老板。

一切取决于你到底是怎么思考的，你是怎么想的。

有人说，淘宝、天猫太强大了，再也不可能有人做得比淘宝、天猫更好，结果京东出现了。

有人说，苹果手机太好了，销量第一，再也不可能有企业销量比他们更好，结果华为做到了。

有人说，QQ 的覆盖面太广了，再也不可能有其他的平台能够撼动了，结果微信颠覆了。

不要再抱怨这个行业不行、这个企业不行、这个员工不行，而是你不行了，是你的思想、你的思路不行了。

思路决定出路，脑袋决定口袋

国外有一句名言：“有什么样的思想，就有什么样的行为；有什么样的行为，就有什么样的习惯；有什么样的习惯，就有什么样的性格；有什么样的性格，就有什么样的命运。”

中国也有相似的谚语：“种瓜得瓜，种豆得豆。”如果说思路是种子，出路就是果实。拥有好的思路，才能使你更容易走向成功。有好的思路就会有好的出路；有宏伟的思路就会有宏伟的出路；有精彩的思路就会有精彩的出路。反过来，平庸的思路、一般化的思路、模式化的思路就没有出路。

因此，思路决定出路，心态决定命运；观念决定贫富，脑袋决定口袋。

1. 思路决定出路

有一个小故事，有位秀才第三次进京赶考住在旅店里。考试前两天，他做了三个梦，第一个梦梦到自己在墙上种白菜，第二个梦是下雨天他戴了斗笠还打伞，第三个梦是梦到跟心爱的表妹脱去了衣服躺在一起，却是背靠着背。

秀才解不透这三个梦的寓意，第二天就去找算命的解梦。算命的一听，连拍大腿说：“你还是回家吧。你想想，在墙上种菜不是白费劲吗？戴斗笠打雨伞不是多此一举吗？跟表妹衣服都脱去了，还躺在一张床上了，却背靠背，不是没戏吗？”

秀才一听，心灰意冷，回旅店收拾包袱准备回家。旅店老板非常奇怪，问：“不是明天才考试吗，今天你怎么就回乡了？”

秀才如此这般说了一番，旅店老板乐了：“哟，我也会解梦的。我倒觉得，你这次一定要留下来。你想想，墙上种菜不是高种吗？戴斗笠打伞不是说明你这次有备无患吗？跟你表妹脱掉了衣服，背靠背躺在床上，不是说明你翻身的时候就要到了吗？”

秀才一听，觉得更有道理，于是精神振奋地参加考试，结果中了个探花。

在上面的这个小故事当中，算命者的思路是消极的思路，所以他就看到了消极的出路，而旅店老板的思路是积极的思路，所以他看到了积极的出路。秀才也不愧为秀才，他选择了积极的思路，所以高中了探花。

人生要有好的出路，最重要的就是要拥有积极的思路。

工作，没有思路不行；组织管理，没有思路不行；企业经营，没有思路不行……在逆境和困境中，有思路就有出路；在顺境和坦途中，有思路才有更大的发展。我们在事业、工作、人际关系、爱情、生活等方面会遇到很多困境和难题，它们影响命运、决定成败。如何解决这些问题，需要正确的思路。

有的人一直都在做领导，而且还在不断地提升；有的人做了一辈子的失败者，一生蹉跎；有的人做了一辈子的商人，交际广，财源茂；有的人却做了一辈子的穷人，一生潦倒。是他们的身份有差距，还是家庭背景有差距？其实都不是，归根结底是他们做人做事的思路有差距。春秋时的范蠡，做官可以辅佐越王成就霸业，经商可以富可敌国，而跟他一起做官的文种却落得被越王赐剑而死；汉高祖刘邦，从一个人们眼中的流氓成为一代帝王，而一代名将项燕的后人项羽，却落得一个乌江自刎的下场；三国时的诸葛亮，可以“要风得风，要雨得雨”，而杨修却落得“动摇军心，斩首示众”的结局，等等。这些历史名人的天份资质难分优劣，甚至有些成功者的条件还不如失败者好，但由于做人做事的思路不一样，它们的结局也就不一样，企业也同样如此。

2. 脑袋决定口袋

人与人最大的差别是脖子以上的部分。财富来源于头脑，钱往有头脑的人口袋里钻。口袋空空是因为脑袋空空，脑袋转转口袋满满。

在大多数事情上都是有头脑者胜出。人们时常夸奖成功人士“很有头脑”。头顶同样的蓝天，脚踏同样的大地，一样的政策，一样的条件，为什么有人日进斗金，有人却长期徘徊在温饱线上？许多人百思不得其解，总是认为自己运气不佳。其实钱来源于头脑。我们的观念决定了我们当初没有去做，我们的观念决定了我们在10年后的今天贫穷依旧！不同的观念最终决定了不同的人生！

案例分享

一个5万美元的建议

美国有一家生产牙膏的公司，产品优良，包装精美，深受广大消费者的喜爱，每年营业额蒸蒸日上。

记录显示，前十年每年的营业增长率为10%~20%，令董事部雀跃万分。

不过，进入第十一年、第十二年及第十三年时，业绩则停滞下来，每月维持同样的数字。

董事部对此三年业绩表现感到不满，便召开全国经理级高层会议以商讨对策。

会议中，有一名年轻经理站起来，对董事部说："我有一个建议，若您要使用我的建议，必须另付我5万美元!"

总裁听了很生气说："我每个月都支付你薪水，另有分红、奖励，现在叫你来开会讨论，你还另外要求5万美元，是否过分?"

"总裁先生，请别误会。若我的建议行不通。您可以将它丢弃，一分钱也不必付。"年轻的经理解释说。

"好!"总裁接过那张纸后，阅毕，马上签了一张5万美元支票给那位年轻经理。

那张纸上只写了一句话："将现有的牙膏开口扩大1毫米"。

总裁马上下令更换新的包装。

试想，每天早上，每个消费者多用1毫米的牙膏，每天牙膏的消费量将多出多少倍呢?

这个决定使该公司第十四年的营业额增加了32%。

一个小小的思路改变，往往会引起意料不到的效果。

当我们面对新知识、新事物或新创意时，千万别将脑袋密封、置之于后，应该将脑袋打开"1毫米"，接受新知识、新事物。也许一个新的创见能让我们从中获得不少启示，推高业绩。

在实际工作中，有不少企业的人员只会埋头苦干，不知抬头看路，更不知积极创新求异，只是一味地责怪市场不景气、自己没运气。你想，如果一成不变的产品多年来总是用一个套式的营销手段，别说消费者不青睐，连自己也看厌了，哪还能引起人家的消费欲望?

只有想不到，没有做不到！

想法决定活法，道理也是如此。

经常清点自己的脑袋，革除已陈旧过时的思想方式，才能把机遇掌握在自己的手中，每一个人都要多多锻炼，从“根”上摆脱对于追求财富的困境，现代社会并不缺少发财的机会，而是缺少发现财富的头脑。

想让自己的口袋鼓起来，就必须意识到在日益激烈的竞争中，精明的头脑是越来越重要。脑袋里的智慧有多少，口袋里的钞票就有多少，成就大业的人之所以成功，不是因为他们的能力比我们强多少，而是他们与我们的思想方式和做事方式不一样。

3. 如何拥有属于自己企业的思路

读万卷书不如行万里路，行万里路不如阅人无数，阅人无数不如名师指路。所以需要经常学习，只有学习才会改变自己的思路。

古人云：“富不学富不长，穷不学穷不尽。”要想改变口袋，先要改变脑袋。要想改变脑袋，只有靠学习。

这个社会一直在淘汰有学历的人，但是不会淘汰积极学习的人。

很多人现在对学习不认可，认为有时间去学习还不如考虑考虑如何赚更多的钱，其实这是一种错误的认识。只有通过学习，你才能获取更多的知识，将这些知识转化为财富，你才能改变自己的命运。

那么，如何正确地学习，提升我们的思维能力呢，如图 5－1 所示。

首先，企业在市场实践过程中的案例分析和实际演练，会形成属于企业自身的经验、体会和思考能力。好的学习方式一定是在市场实战中形成的。

其次，有了这些宝贵的经验、体会和思考，就慢慢可以总结出一些对企业比较好的思路、理论，以及成功的原因和道理。

再次，有了原因和道理，就会形成一种感悟、领会和实战心得。

最后，有了这些感悟、领会和心得，在市场竞争中，再次思考制订各种市场管理方法时，就会有高水平的思路出现。

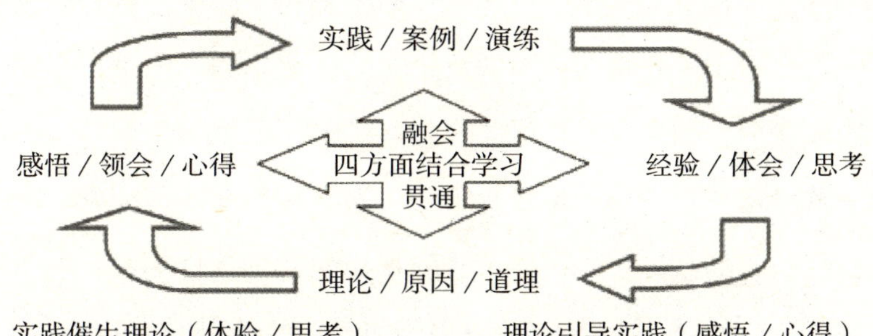

不讲理论没有高度，不讲实践纸上谈兵。
思路决定出路，想法决定办法，心巧决定技巧。

图 5－1　四方面结合学习

影响企业未来的三大思想

拿走我所有的财富，

把我丢在沙漠，

哪怕只有一个商队经过，

我都会再次成为世界首富。

——比尔·盖茨

有钱人永远知道如何随季节播种、如何抓住趋势、如何用哪种思路发展。比尔·盖茨说："拿走我所有的财富，把我丢在沙漠，哪怕只有一个商队经过，我都会再次成为世界首富。"这充分说明，你获得稳定财富的关键在于你的经营思想。

1. 何为企业的经营思想

企业的经营思想是一系列经营思路的体系，因为企业在经营过程中需要处理的关系涉及方方面面，对某一方面的认识和态度，就形成某一方面的思路。而这一系列思路的总和就是企业的经营思想。它是在企业经营实践中不断演变而成的企业经营管理的一系列指导观念。

企业的经营思想实际上是企业领导者通过对外部环境因素、内部条件因素的综合认识的基础上，在自己头脑形成的有创造性的产物。所以，企业领导者的价值观念、政策水平、科学知识、实践经验、思路方法、工作作风等素质直接影响着企业的经营思想的表现形式和程度。这就是为什么同样一个企业在同样的条件下，有的领导者能取得成功，而有的却失败的原因。

我们企业缺钱，实际上缺的是与时俱进的经营思想。经营思想的固执、僵化、墨守成规是贫穷的根源。任何优势都是暂时的，我们身边并不缺少财富，而是缺少发现财富的眼光和想法。思想观念可以改变人，人可以改变现实。

经营思想有多远，企业就能够走多远。阻挡你前进的不是高山大海，而往往是自己鞋底一粒小小的沙粒！旧思想观念不放弃，新思想观念难产生！

案例分享

华为的经营思想

华为作为一个中国非上市的民营高科技企业，只是一种“现象”，对于中国企业，其模仿与借鉴价值并不太大，但是隐含于华为现象背后的企业经营思想，则值得中国企业和企业家思考。

华为公司任正非总裁的经营管理可归结为均衡的思想。

自2001年起，在任正非总结的华为“十大管理要点”中，不管内外部环境发生了如何的变化，“坚持均衡发展”一直放在第一条。可以讲，任正非的企业经营哲学思想的核心就是均衡，均衡是华为最高的企业经营哲学。

(1) 在经营模式方面，华为的宏观商业模式是客户化导向，产品的发展路标是客户需求导向，把为客户提供完善和及时的服务作为公司存在的唯一价值和理由。

(2) 在管理模式方面，华为的微观商业模式就是流程化的组织建设，完成企业诸元素从端到端、高质、快捷、有效的管理。

(3) 在内部核心价值观方面，相应地构建以高绩效为特征的企业文化。正如任正非所言：“在这20年的痛苦磨难中，我们终于确立了‘以客户为中心，以奋斗者为本’的企业文化，它使公司慢慢走出了困境。”

从以上三点不难看出，华为所提倡的企业经营哲学核心价值观，同样将内部价值导向（艰苦奋斗）与外部价值导向（客户）有机和均衡地结合在一起。从整体上看，这一模式将客户价值、企业效益、管理的效率和工作的高绩效有机地结合在一起，从而实现一种有效的和谐、一种动态的均衡。

可以说，华为提出的宏观商业模式与微观商业模式是建立在理性的思考基础之上的，其实质是经营管理动态均衡变成了有实践意义的“华为模式”。

很多人认为，事物非黑即白，非错即对，非敌即友，不成功，便成仁，从一个极端走到另一个极端。比如西楚霸王乌江自刎。

也有人认为，万物阳中有阴，阴中有阳，阴阳相合，相生相克。

而华为的经营思想“均衡”认为：“非马非驴，亦中亦西；以理想主义为旗帜，以实用主义为纲领，以拿来主义为原则。”

华为的“均衡”经营思想主要表现在三个层次：

一是对内部员工不追求完美，允许有缺点，用人之长，鼓励员工发表意见、提出不同看法。

二是与同行是一种“竞合关系”，而非“你死我活”的关系，注重互换专利、深度合作、共同开发。

三是认为环境是不断变化的，分析困局，逼近清晰，周而复始，循环往复。

华为的这种经营思想，破除了直线思维，和全球竞争对手“打柔道”，使得华为历经磨难却历久弥新，历史辉煌却充满创新，最终获得了成功。

2. 企业未来值得关注的三个创新经营思想

（1）跨界经营思想。

苹果跨界进入手机行业，颠覆了诺基亚。

微信跨界进入通信领域，颠覆了中国电信、移动、联通等运营商的语音和短信业务。

支付宝跨界进入金融行业，颠覆了传统银行。

跨界的经营思想，正成为当今世界传媒的热词被反复提及，在不同的行业间被不断地实践，同时也日益成为全球化时代的一种潮流。它能让一个企业通过转换生存空间而大放异彩，能让一个品牌在相对极短的时间内超越竞争对手迈上行业巅峰。一个品牌如果没有跨界思维，在未来的竞争中恐怕是很危险的，但跨界显然不是简单的商战技巧，而是一种企业或品牌的创新战略。谁能早走一步、少错一点，谁就能在未来的商业格局中占据优势。

所谓跨界，就是大世界大眼光，多角度地看待问题和提出解决方案的一种思想方式。

企业跨界有几种类型和形式，我们简单梳理一下。

第一，产业跨界（案例：云南白药牙膏从医药向日化的跨产业崛起）。

第二，产品跨界（案例：今麦郎从“弹面”到“直面”的二次飞跃）。

第三，人群跨界（案例：金维他走出“白领误区”，重构品牌内核）。

第四，传播跨界（案例：燕京·仙都啤酒破市浙江，品牌再造）。

第五，渠道跨界（案例：美肤宝品牌渠道跨界，挺进大卖场）。

第六，文化跨界（案例：文化名酒品牌“孔府家”的新文化复兴）。

未来十年，是中国商业领域大规模“打劫”的时代，所有大企业的“粮仓”都可能会遭遇“打劫”！一旦人们的生活方式发生根本性的变化，来不及变革的企业必定遭遇前所未有的劫数！

对手或许来自另一个领域，你都不知道从哪里窜出来的。创新者以前所未有的迅猛之势，从一个领域进入另一个领域。

（2）阿米巴经营思想。

阿米巴经营是一种经营思想，基于牢固的经营哲学和精细的部门独立核算管理，将企业划分为“小集体”，像自由自在地重复进行细胞分裂的“阿米巴”——以各个“阿米巴”为核心，自行制订计划，独立核算，持续自主成长，让每一位员工成为主角，“全员参与经营”，打造激情四射的集体，依靠全体智慧和努力达成企业经营目标，实现企业的飞速发展。

中国很多企业内部存在诸多的主观因素，例如价值观与道德观存在巨大的差异，再加上外部的客观因素，随着三聚氰胺毒奶粉、皮革果冻等食品安全事件的曝光，各种社会问题的存在导致企业发展艰难。

而且，中国很多企业从 2000 年开始引进学习运用西方和欧美管理体系以来，在发展中产生了很多负面影响，导致人为问题的出现。而随着“90后”员工的陆续出现，传统的管理模式是坚决的服从，而当今社会追求的是个性化，导致企业流动性高、人才难培养、找人难、遇人难、留人更难的情况频出。导入阿米巴经营，给众多中国企业带来了一线生机，可以说阿米巴经营思想相对更适合中国企业。它能让企业摆脱困境，促进企业人才的培养以及利润的稳定增长，如图 5－2 所示。

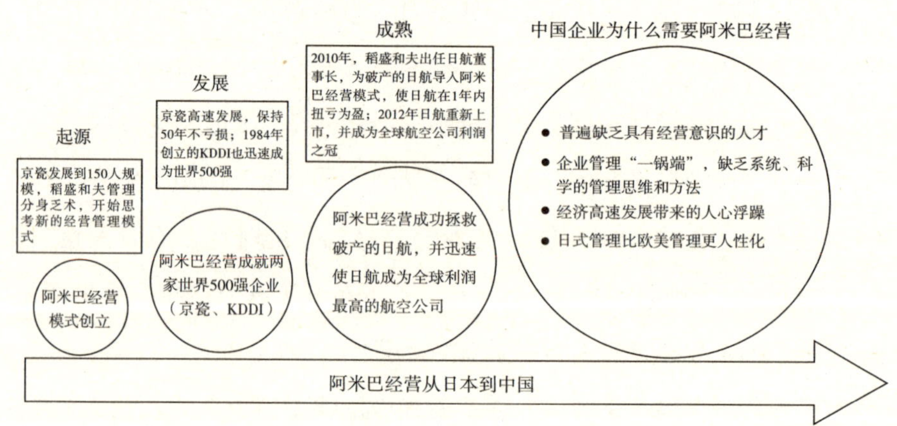

图 5－2　阿米巴经营从日本到中国

那么阿米巴经营的三大优势分别是什么呢，如图 5－3 所示。

第一，人才共有。

人才共有是指企业组织有效授权、参与经营，在这一过程中企业要注重提拔、培养年轻人才担任领导。在企业内部设立许多个阿米巴的小组织，每个组织都有小领导，这样一方面细化了企业的管理，同时在经营中也培养着这些小领导的才能。这样一来任命阿米巴领导的形式也相当灵活，“当领导人才严重紧缺时，可以在现有人才范围内划分组织，把组织划分完毕后，让其上级部门领导或其他阿米巴领导来兼任”。

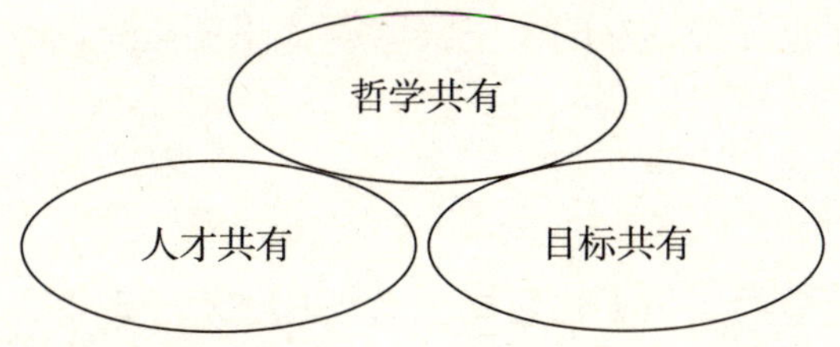

图5－3 阿米巴经营的三大优势

阿米巴经营的目的之一，就是培养具备经营者意识的人才，并且挖掘那些即使在现阶段还不具备足够的经验和能力，但是却有可能胜任领导职务的人才。“人才才是事业的基础”“有了合适的人才才能涉足新事业”，这是稻盛和夫坚定的原则。因为阿米巴经营已将组织细分，所以即使起用有前途的新领导而使个别阿米巴经营不善时，也不至危及整个公司的根基。在阿米巴经营中，整个企业有众多的后备人才，才让企业有真正的动力之源。所以，阿米巴经营在任用人才时，即便是经验不足或让人略感不放心的人才也能大胆地起用，让他们不断具备经营者的意识和经验。

第二，哲学共有。

哲学共有是指经营理念的全员一致，通过经营理念一致达成全员方向一致和行为一致，实现经营与管理的效率最大化，这也是“哲学共有”的初始目的。要实现“哲学共有”首先必须了解其基础是什么。阿米巴的经营理念：追求全体员工的物质和精神两方面幸福的同时，为人类和社会的进步与发展作出贡献。物质和精神两方面幸福，物质在前，精神在后。“哲学共有”的前提是“利益共享”。缺少“利益共享”，在企业里要实现“哲学共有”是不现实的。那是不是“利益共享”了，就能实现“哲学共有”呢？显然不是。“利益共享”属于低层次的物质分配问题，而“哲学共有”是高层次的精神统一问题，需要一个循序渐进的过程，也少不了一套行之有效的体制予以保障，在阿米巴经营模式里面就是阿米巴组织体制与经营会计系统。

第三，目标共有。

目标共有是指企业所有员工的目标只有单位核算值时间，每位员工都清楚自己的目标，通过单位时间核算制度公式，使各个部门、各小组，甚至某个人的经营业绩变得清晰透明。一般来说，大企业的员工很难对自己工作的具体成果有实在的感觉，他们常常只是公司庞大系统中的一个小小的齿轮。从这一点上看，单位核算值时间是员工的动力。因此，阿米巴经营是一种全员参与型的经营体系，每个员工都要充分掌握自己所属的阿米巴组织目标，在各自岗位上为达到目标而不懈努力，在当中实现自我。企业会在第二天上午公布各小组单位核算值时间，让各个小组都能清楚了解当日的经营状况、每个组员及小组所创造的利润，及其占公司总利润的百分比等。

（3）合同经营思想。

在移动互联网时代，没有谁比企业家更焦虑：商业模式、竞争优势、客户需求和消费模式都在发生颠覆性的变化。但这还不是最重要的，重要的是这种时代给企业带来了一把双刃剑，那就是“快速透明”。

我们体会最深的是信息的获取变得更便利，我们能随时随地在移动互联网上找到我们想要的信息。今天早上远在太平洋对岸美国发生的什么事情，一两个小时便可以通过手机上传遍布整个中国。换句话来说，曝光某一家企业的阴暗面，一两个小时也能让你的企业轰然倒下。那么，口碑便在这个时代变得更加重要。

如果你的企业不讲诚信，你的企业不遵守承诺，你的企业欺骗客户，给企业带来的后果将是以前所为的N倍。

因此，未来时代，企业拥有合同经营思想便变得更加重要。

1）何为合同经营思想?

企业家所要处理的关系包括：自己与他人、个人与社会、内部与外部、现在与未来的关系。处理好了这些关系，企业自然能够发展壮大。能总揽这些关系才是顶级的企业经营思想，即是中国人历来所说的“道”，是“正道”；忽视某个方面的，是“歪道”“外道”；只关注技巧、机巧，那是有术无道；至于那些根本不考虑这些的企业家，“不足道”哉。

什么是顶级的企业经营思想？其实，优秀的企业家们用自己的思想和实践早已经给出了自己的答案。秘密就在那灯火阑珊处，但是，它看似过于平凡以致谁也不去深究它，再加上它那一点点异国文化的家世让中国企业家在思想上有了些隔膜。我们来试着揭开它的面纱，敬请先倒掉你心里的那杯水，重新来认识它：合同经营思想。

合同经营思想的核心是运用、借用合同的法理思想和法律文化，平衡地、动态地、规范地发展、管理、优化企业家、企业与各个方面主体的关系。

合同经营思想具有整体性、系统性，从根本上解决了企业家在企业整体运作和管理上缺乏系统性的问题。

合同经营思想是道和术的有机结合，既是经营思想，也包括了完整的实际操作性方案，解决了许多经营思想看似高远但缺乏落地性的缺点。合同经营思想是由道而术，并非是术的简单组合，根据企业的规模、行业、发展阶段等实际情况，合同经营思想的运用所产生的方案完全可能在表现形式上迥然不同。

合同经营思想的精要以及第一要点是：认识到合同是一种关系。合同经营思想，是一种具有特别思想内涵的关系思想。这种关系思想既不是东方传统意义上的人情关系或公关关系，也不是西方舶来的所谓单纯的法律关系，而是一种打通并圆融东西方的关系思想。在学习和理解合同经营思想方面，最大的障碍是要打破对“合同”这个概念长久以来的浅薄理解。假如还只是把合同理解为订单、签字的协议或者只是理解为防止对方违约的工具，那么你将错失这一既传统又崭新的企业经营思想。

合同经营思想是加法国际顾问事务所经过多年的企业调研，在无数成功企业身上发现共同点，并有效地总结和提炼出来的经营思想。

2）合同经营思想的要素。

合同经营思想包括四大要素，分别是：

第一，关系思维（与企业相关的人，无论是客户还是员工，都需要合理强化关系）。

第二，平衡思维（你的企业必须要懂得运用“平衡”原理）。

第三，动态思维（你的企业必须要懂得运用“动态”原理）。

第四，规范思维（对于企业的一切事务，需要规范对待）。

西方的合同经营思想源远流长，最早可追溯到古希腊，而我们中国古代也已经出现。我们现在的企业却没有很好地运用。但是随着时代的发展，合同经营思想将会被越来越多的企业所采纳。

被误解的经商思想

中国企业史曲折坎坷，真正意义上的企业思想理念不过才几十年历史而已。而中国沉淀了的文化历史、智慧结晶和处世哲学，伴随着中国商业的发展而衍生出的独具中国特色的经商思想，却有着长达三千多年之久的历史。它既符合中国的特有国情，又区别于西方经营的复杂原理，我们通常把它们理解为人与人之间的关系。

“关系”二字，在中国有着意味深长的深刻含义，深刻体现了中国人的为人处世哲学，甚至在西方语言中找不到相应描述的词汇。中国人做生意、做事、待人接物十分讲究“关系”，也很看重“关系”的运用。在商业活动中，有时候“关系”甚至会凌驾于利益之上。任何行业的经商都不例外，而我们企业的营销工作，也十分清楚地体现了“关系”的重要程度。

1. 关系思想在商业的功能

“关系”本质上是一个中性词，不带有贬义色彩。只是由于这些年使用场合所限，令人谈“关系”色变。抛开偏见，“关系”的本质在于人，在于人际交往间的信任基础和交流方式。在中国的商业活动中，关系思想具有下述几项重要功能：

第一，信誉保证。

第二，互惠网络。

第三，长远利益。

第四，减少恶性摩擦，加强良性互动。

2. 关系思想在企业运用中要注意的细节

（1）中国人做生意讲关系的基本特征。

1）重人情。人情可以说是中国人际关系的基石，它是在血缘关系基础上和儒家伦理的规范下发展出来的一种带有社会交换性特征的社会心理，是传统中国社会强调家族制度的直接体现。

2）讲面子。在中国人的人际关系中很重要的一个概念叫做“面子”。面子是一个人透过别人的评价或对待他的行为与态度所形成的自我形象。

因此，我们可以认为面子主要是由他人取向的，也就是说一个人有没有面子往往取决于他人。

3）重礼。中国人常讲“礼尚往来”，这就说明“礼”在中国人的人际交往中发挥着重要的作用。

（2）基于中国文化下运用关系经商时注意的细节。

1）关注感情的培养。

美国式的关系营销通过强调共同利益来发展企业与顾客之间的关系，而中国的关系营销则必须强调对人与人之间的感情培养。

2）关注顾客自尊。

企业在开展关系的时候，必须给予客户自尊以足够的关注。根据马斯洛的需求层次理论，每个人都有赢得他人尊重的需要，这一点在中国体现得更为突出。

3）关注私人关系的发展。

企业之间的关系也往往表现为企业管理者或其他成员之间的私人关系。因此，企业在与客户建立关系的时候，一定要关注私人关系的培养。通过企业内部成员与顾客之间建立良好的私人关系来有效地开展生意的交往。

（3）经商关系建立的基石。

中国的经商关系，实际上是以利益为纽带、信任作保证，通过对客户组织利益和个人利益的满足，与客户的组织和个人建立信任，最终促使交易的成功，同时建立和提高客户的忠诚度，将客户的购买行为由短期转变为长期，使得企业获得长期稳定发展。

3. 关系思想在企业经商中的进化

（1）关系1.0时代：灰色关系，卖“好处”。

传统的关系1.0时代，关系在企业经商中的运用很简单，用一句话来总结："吃、拿、卡、要、送"，俗称"灰色关系"。

以传统的方式与客户建立关系，已经形成了在营销过程中，一定要有"吃喝"，你不提出，客户就会主动提出要求，而且胃口越来越大，导致企业营销成本增加，而且也培养了客户的依赖性。

久而久之，由于企业要花大量的精力与金钱在请客、送礼、回扣上，这种不正之风会造成企业成本的增加，并对社会产生负面影响。现在供大于求的市场竞争时代，由于竞争激烈，有的企业通过把这部分增加的成本加在购买方的身上或者降低产品质量的方法来保证自己的利润，从而增加客户的成本，导致产品质量下降，所以会出现大量的伪劣产品，或问题工程等。

传统的关系1.0时代，其实强调的是通过满足客户当事人的个人私利——请客、送礼、回扣，从而达到企业经商的目的，而这种方式随着市场时代的变化，将被全面淘汰。

（2）关系2.0时代：信任关系，卖"品德"。

随着市场经济时代的来临，关系1.0的经商方式必然会遇到新的困境。

第一，"灰色关系"不遵循一般竞争优胜劣汰的游戏规则。作为短期促销手段，处理企业积压产品，对于企业来说在短期内是可以的。但若长此以往，后患无穷。它会使企业竞争环境恶化，导致卖方企业之间的恶性竞争，直至最后迫使企业以降低产品质量为代价提高提供灰色利益的能力。

第二，"灰色关系"是一种恶性竞争，而且在存在灰色需求的情况下力量强大，对此不依赖灰色营销的企业受到很大压迫。比较稳妥的策略是，利用自己的优势（买方所有者可接受价较高）参与其中，但始终以正常营销为主。

第三，“灰色关系”的根源在于买方的采购代理制，所以要想根除“灰色关系”也必须从买方着手。灰色关系的特点在于一个“灰”字，由于“灰”，即使有法律条文限制，也很难监督和执行。而从采购代理制着手，使“灰”变“白”，如规范采购程序、健全采购机构、强化监督机制等，再加大打击力度，那么灰色需求就能得到有效的控制。一旦灰色需求被控制住，灰色供给自然没有了用武之地。而这一切在一定程度上又取决于买方企业的产权关系是否理顺。

从以上分析中可以看出，关系 1.0 的病态预示着新一种关系思维的出现来替代旧时的“灰色关系”，这也便是关系 2.0。如果你的产品质量较差，现在的企业没有谁再会因为跟你的关系很好，而和你交易。如果你的产品很难满足客户的需求，没有人愿意和你做生意，如表 5-1 所示。

表 5-1　关系 1.0 与关系 2.0 的区别

区别	关系 1.0	关系 2.0
概念	纯粹的关系营销	建立在企业信任上
性质	强调恶性竞争	强调美誉度
营销手段	吃、喝、拿、卡	信任树法则

在关系 2.0 时代，需要遵循信任树法则，信任是企业经商的灵魂，如图 5-4 所示。

在关系 2.0 时代，站在客户角度看，要建立客户对公司的信任有三个层次：

第一，客户对公司组织信任是基础。

第二，对销售人员的信任是升华。

第三，对风险防范的信任是深化。

1）对公司组织的信任——基础。

有人说，让客户对公司信任的最佳方式就是做广告。科特勒营销大师

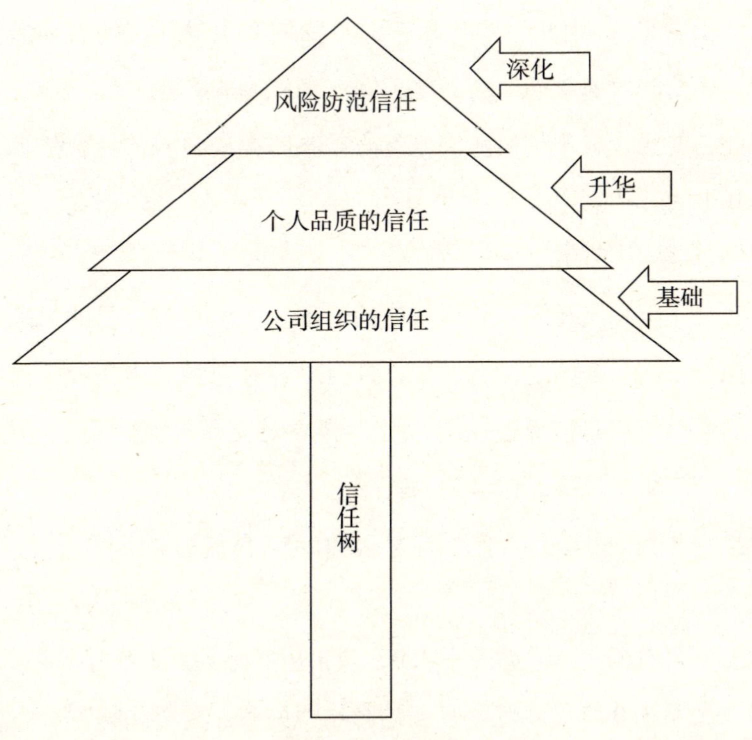

图 5－4　信任树

曾说："广告可以提升客户对企业的认知度，越多的人知道公司就越证明公司有实力。"然而，我们研究发现其中存在问题，因为广告只是增加客户对公司的认知度，缺乏美誉度与忠诚度。然而，这后面两点却是客户非常看中的。

2）对个人品质的信任——升华。

与客户建立联系、发展关系以及促成交易的是老板或者是销售人员，往往在做生意的过程中，双方能够产生一些火花，此次面访通常比较良好，后续有进一步活动；或者，与竞争对手的销售人员相比而言，你非常值得客户信任，你的专业知识非常丰富，你的脸上写满了两个字"信任"；同时，信任感不是在瞬间形成的，而是长期积累而成。"信任来源于信心，信心来源于了解，了解来源于接触，接触来源于感觉，感觉来源于参与，参与来源于意愿。”因此，要想让客户对我们产生信任，就必须激发客户的意愿，客户的意愿越高，沟通就越好，客户关系就越深入。

因此，要想让客户相信我们，就必须不断提高自身的综合素质，这是关系2.0中的升华。

3）对风险防范的信任——深化。

在对公司组织以及个人品质信任的基础上，客户对交易的风险还会有更多的担心，这个公司是否有能力，甚至是否会在背后中伤我，这都是他们考量的重点，只有核算过交易风险，客户对交易风险做到了心里有数，可以做到防范交易风险，这样关系就深化了。

这样的关系一旦建立了，就为后面的交易流程的顺利进行奠定了基础。

对于今天的企业，遵循关系2.0，效果显然比关系1.0好很多。

（3）关系3.0时代：互联多赢的影响力关系，卖“品牌”。

最近，你可能越来越频繁地听到这种说法：关系是“新的货币”。虽然人们确实总是与自己认识、喜欢和信任的人做生意，但社交网络的迅猛发展已经使得全球沟通方式（以及经营方式）发生转变。

目前全世界有20多亿人能够访问互联网，几乎达到世界总人口的30%。另外，还有超过53亿的手机用户（占世界人口的77%）。这一巨大量额由中国和印度引领，许多移动互联网用户只使用手机；换句话讲，他们不（或者只是很少）使用台式机、笔记本电脑或者平板设备访问互联网。在埃及有70%，印度有59%，甚至在美国也有25%的用户只使用手机。

除了消费者和企业使用的各类设备之外，他们交互的平台也呈爆发性的增长。全世界最大的社交网站Facebook正在迅速迎来它的第10亿个成员。

世界各地的人正在通过无数的网站和工具分享越来越多的个人信息和私人信息。这些信息完全是开放的，可以搜索得到，除非你主动将隐私设置得非常严格，只允许特定人员找到你分享的内容。越来越多的专业招聘人员进行广泛搜索，查看社交档案，使用他们找到的数据来影响雇用决策。同样，利用相同的线上信息库，许多雇主使用公开分享的数据来开除行为不当或者违反公司政策的员工。保险公司、政府官员、律师也深入挖掘线上丰富的个人信息，在需要的时候将其作为证据。当然，企业也可以访问消费者选择在线上公开分享的个人信息。

如果你是企业经营者、企业家或者市场营销总裁，上述转变对你的意义就是，你需要成为关系专家，你需要在两大领域磨炼自己的技能。

1）正确地利用各类社交工具所需要的技能。

2）通过这些社交工具有效地建立坚实关系所需要的软技能。

这是一个全新的世界，发展得非常迅速，一次失误就会让你付出代价，所以你需要一个可靠的路线图。

从核心上讲，关系 3.0 意味着“真正关心所有人，建立稳定的、多赢的关系”，强调的是“互联多赢的影响力关系”。这些关系包括与潜在客户、现有客户、战略联盟、媒体联系人、关键影响人士的关系，甚至还有你与竞争对手的关系。最后，有效的关系会创造可持续的、成功的、有头脑的企业。

关系 3.0 操作路线图：

第一步：奠定正确的文化基础。

第二步：检查你的人脉，画出五个关系圈。

第三步：评估和提升你的在线形象。

第四步：建立人脉并成为影响力中心。

第五步：通过高质量的内容成为权威。

第六步：将粉丝和好友转化为付费客户。

第七步：在线下对线上营销进行优化。

第八步：保护自己免受新 Web 的黑暗面影响。

第九步：实践高级关系营销技术，成为顶级行业领袖。

随着社会发展，移动时代的到来，由于社交媒体的高速发展，而且人们的上网时间、阅读时间、发布的信息、阅读的信息，都倾向于多元化，人人都在争取粉丝，而不是成为别人的粉丝。在这种极度多元化和极端竞争的情况下，如何塑造企业品牌，吸引更多用户，让自己始终成为影响力中心，是企业经商必须要走的一条路，也是关系 3.0 的思想所在。

（4）关系 4.0 时代：有规则的法理关系，卖“价值观”。

中国改朝换代了很多次，但经商的本质几千年来却没有变。

经商的本质是：投入自己已经拥有的东西以换取自己希望拥有的东西，用俗话说就是买卖。将自己有的东西出售给别人，换取自己没有却希望拥有的东西，经商就是由大量的买卖过程组成的。再说得透彻一点，就是交换，用我有的东西交换我没有的东西。在这里，东西可以是任何物品，可以是钱财，也可以是权力，甚至可以是生命、精神。

关系 4.0 的核心就是“经商交换时的关系准则”，这用现代的专业名词，可以解释为“法理准则”，更确切说是“市场认定的法律规则 + 人情关系”。

只有准则，才有市场交换的定律。它是建立在企业价值观基础上的产物。从古至今，每一个时期，每一个阶段，都有属于当时的准则。而关系 4.0 便是每个阶段的关系准则。

一个企业要想发展得更好，需要遵循关系准则。这种关系准则可以有效地帮助企业在应对客户时游刃有余。最形象的例子，莫过于对“亲兄弟明算账”这句话的理解。平时亲兄弟之间感情会非常好，到了关键利益点，也要把彼此之间的财物账目算得清清楚楚。这样既不影响之间的感情关系，又能很好地处理合作利益关系。回到企业，也是一样的道理。

而这种既不影响客户之间的感情关系，又能很好地处理利益关系的合作，才能走得长久。它是建立在法律基础上的客户人情关系。比大多数客户关系都要牢固很多。

因此，了解当今市场的规则，把握客户心里的关系准则，用企业的价值观去吸引他们，是关系4.0的成功之道。

如果说关系1.0是靠简单的人情关系，关系2.0靠的是整体上的信任关系，关系3.0靠的是影响力的关系，那么关系4.0靠的就是法理准则关系。而这种关系，将会更加牢固。它不仅靠的是惺惺相惜的精神层面去吸引客户，更是基于当时法律准则去落地。这种关系4.0的经营思想，将会在未来引领商界，成为更多企业的选择。

第六章　透视企业成败关键背后的本质

如果仔细观察，我们可以发现：

一个企业遇到危机（环境改变、行业没落、外来强劲竞争对手的打击等），其实是企业的六大模块没有做好。

一个企业的六大模块（行业趋势、团队人才、企业资金、商业模式、竞争对手分析、企业管理规范）没有做好，实质上就是企业老板左右摇摆的困惑没有解决好。

一个企业老板之所以会有困惑，其实是对企业里的“人”和“事”不知道如何有效应对。

一个企业的“人”和“事”没能有效应对，其实是企业的经营思想、经营思路出了问题。

一个企业的经营思想、经营思路出现问题，其实是企业不懂学习，不了解经营的核心。

一个企业不了解经营的核心，其实是企业创建时的目的不明确。

一个企业创建的目的不明确，其实是企业的初心错了。

一个企业的初心错了，意味着企业没有了灵魂。

企业和人一样，如果失去了灵魂，危机还远吗？

企业的初心就是企业的起点，它是决定企业经营成败的关键。

企业的起点：创业者思想背后的初心

在瞬息万变的繁华世事中，你是否已走得太远，以至于忘了为什么出发？请回望一下来路，给自己一往无前的决心；请清扫一下杂念，还自己一双澄澈的眼睛。守住初心，才会找对人生的方向，才会抵达心心念念的远方。

1. 什么是初心

初心，通俗地说就是在人生的起点所许下的梦想。

初心给了我们一种积极进取的状态。苹果公司创始人乔布斯说过，创造的秘密就在于初心。正如一个新生儿面对这个世界一样，永远充满好奇、求知欲和赞叹。因为如此，乔布斯始终把自己当做初学者，时刻保持一种探索的热情。

初心也给了我们成长的内在力量。星云大师说："我出家做和尚，是自愿的。人生经历这么多挫折，始终不忘记，最初为什么要出家。生活很辛苦，只要你不忘记最初为什么开始，就心甘情愿。不忘初心，就是力量。"

2. 你是否已走得太远，以至于忘了为什么出发

每个人都拥有自己的初心，它是出生时的第一声啼哭，是恋爱时的第一次萌动，是追逐梦想时的第一次尝试。初心如此美好，难怪纳兰性德要说"人生若只如初见"。

在这个时代，初心常常被我们遗忘，正如纪伯伦所说："我们已经走得太远，以至于忘记了为什么出发。"因为忘记了初心，我们走得十分茫然，多了许多"柴米油盐"的奔波，少了许多仰望星空的浪漫；因为忘记了初心，我们已经不知道为什么要来，要到哪里去；因为忘记了初心，时光荏苒之后，我们会经常听到人们的忏悔：假如当初我不随意放弃，要是我愿意刻苦，要是我有恒心和毅力……

经常回头望一下自己的来路，回忆当初为什么起程；经常让自己回到起点，给自己鼓足从头开始的勇气；经常纯净自己的内心，给自己一双澄澈的眼睛。

不忘初心，才会找对人生的方向，才会坚定我们的追求，抵达自己的初衷。就像一首诗中所言：从前所有的甜蜜与哀愁、所有的勇敢与脆弱、所有的跋涉与歇息，原来都是在为了向着初来的自己进发。

3. 何为企业的"初心"

企业的初心，就是企业创建的目的，也是企业存在的理由；就是企业存在的价值、为之奋斗的理想以及不变的信念；就是企业文化的核心——使命、愿景和价值观。然而，在发展过程中，由于各种压力和诱惑，企业创始人往往容易偏离了最初创造企业的目的、理由及梦想。

我们企业在面对这些形形色色的"虚妄"时，应该牢记自己安身立命的根本，不迷失其中。唯有如此，企业的生产、经营、管理、创新才能围绕一个中心有序展开，从而集中精力打开局面。对那些还在转型困境中挣扎的企业，拾起自己的"初心"才是首要任务。

4. 企业的起点：初心

“初心”本来是佛教用语。《华严经》曰：“不忘初心，方得始终。”

而它在商界中的流行，要感谢已经告别世界的苹果创始人乔布斯，初心是他一生的指引。今日风光无限的苹果公司，昔日也经历过长达十几年的沉寂。而苹果辉煌的重现也正是因为在乔布斯回归后，重新确立起“客户体验至上”的创业初心。

对中国企业家来说，他们不缺“精进之心”“战斗之心”“谦卑之心”，但对“初心”，却普遍有陌生感。

他们急着奔跑，急着创新，急着做“风口上的猪”，这曾是屡试不爽的成长策略，但是，当最大对手成为自己，就需要一次彻底重启，通过“初心”，激发更年轻的状态。

星巴克卖的不是咖啡，是休闲。

法拉利卖的不是跑车，是一种近似疯狂的驾驶快感和高贵。

劳力士卖的不是表，是奢侈的感觉和自信。

希尔顿卖的不是酒店，是舒适与安心。

麦肯锡卖的不是数据，是权威与专业。

凡是优秀的企业，都善于将他们的经营思想（价值观）卖给客户。

然而，在他们优秀的背后，在他们高大上的经营思想背后，其实是源自企业的初心，这是企业的起点。

5. 企业初心的解读：企业初心三问

企业初心三问，是帮助企业有效提炼初心的三要素。

如果通俗地来解释，是这三个问题：我是谁？我从哪里来？我要到哪里去？

如果正常地来解释，是这三个问题：我是谁？我想要做什么？我的目标是什么？

如果专业地来解释，是这三个问题：价值观，使命，愿景。

企业初心三问：我是谁？我从哪里来？我要到哪里去？

《西游记》中，除了孙悟空，人们印象最深的就是唐僧了，他每次路过一个国家，总会向国王这样介绍自己：“贫僧唐三藏，从东土大唐而来，要往西天取经。”我当时没听出特别的含义来，认为就是普普通通的几句话，甚至觉得唐僧啰唆了。

直到有一天，我读到一句话才顿然觉醒，这句话是这样说的：“每个人都要问清楚自己三个问题：我是谁？我从哪里来？我要到哪里去？”唐僧的自我介绍不正是回答这三个问题吗？

他的自我介绍不仅是讲给国王听的，更是讲给自己听的。他清楚自己是谁、从哪里来、要到哪里去，清晰地规划了自己的“取经之路”，并坚持走下去，不管路上有多少艰难和诱惑，妖魔、金钱、权力、美女都没有动摇他西天取经的初心，于是他成功地实现了目标。

我们来分析唐僧的这几句自我介绍：

第一句，“贫僧唐三藏。”唐僧是个和尚，是和尚就要受佛家戒律的约束，不杀生、不偷盗、不邪淫、不饮酒，行善积福，他坚定自己的价值观，他做到了。

第二句，“从东土大唐而来。”大唐人给他性命，养育了他，教会了他佛法，他谨记着使命，要为大唐发扬光大。

第三句，“要往西天取经。”这是唐王赋予他的使命，给了他愿景，也是他作为佛门弟子的理想，他时刻坚持着。

唐僧修成正果的最主要因素不是因为有了神通广大的孙悟空，如果唐僧忘记了自己是谁，要到哪里去，而在女儿国和女王成了亲，就算有 10 个孙悟空也没用，也不是因为唐王给了他多少财富，他如果不清楚自己从哪里来，唐王把整个国家都给他也没有什么作用。唐僧取得真经的最主要原因恰恰是他对“我是谁”“我从哪里来”“我要到哪里去”的理解和坚持!

从唐僧的自我介绍来看，这三个问题究竟对我们来说意味着什么?

首先，“我是谁”问的绝不仅仅是“叫什么名字”这么简单。名字只是人的一个代码，可以更改，但人的本质绝不会因为名字的改变而改变。所以，他真正问的是更深层次的一连串问题：第一，我的价值观是什么?第二，我的缺点是什么?这些缺点在未来哪个时间段会阻碍我哪一方面的发展?哪些缺点可以克服?我怎样来克服它?哪些缺点不能克服?我怎样来避免它?第三，我的优点是什么?哪些优点将会是未来我成功的关键因素?哪些优点将成为我的核心竞争力?我怎么来扩大它们?我公司的优势是什么?

其次，“我从哪里来”也可以拆分为一连串问题：我来自哪里?我的父母是谁?我将需要为我的父母和家庭承担什么样的责任和使命?我在公司中处于什么样的岗位?我的职责是什么?我的工作和公司战略的哪一方面有关?我在这个社会中是什么样的角色?我的使命是什么?我们公司的使命是什么?

最后，“我要到哪里去”其实也包含了若干小问题：我的愿景是什么?我要如何完成它?我在公司里应该如何进步?怎样提升自我来达成进步?公司的愿景目标是什么?

这三个问题是相互关联、互为前提的，回答好它们，就是结合自身特点为脚下的道路做了规划，就可以明确自己的目标，看到通往目标的路径，明了一步一步怎么去走，知道自己大概走多远，知道自己所做的事情是为了什么，知道在此过程中会遇到很多障碍，更知道为了逾越这些障碍我们需要相应地改变自己。

只有现实地弄清楚上面的问题，才能走得更稳、走得更远，并且在遇到瓶颈时，有着坚韧而不倒的初心。唐僧正是因为对那三个问题的答案了然于心，才能一关一关地克服那“九九八十一难”，最终取得真经。

也许我们想像唐僧一样取得真经、修成正果，也许我们想如古人那般“修身、齐家、治国、平天下”。但是，在这之前，我们问清楚自己那三个问题了吗？弄清楚我们自己的初心了吗？

案例分享

倍兰可云用“初心”树立产后修复行业标杆

没有一位女性敢说产后不会出现任何问题。

据国际权威机构调查表明：女性产后缺乏调养，产妇的体形体质将不易恢复，乳房疼痛、脱发、便秘的发生率高达22%，头晕、头痛的比例增加30.5%，胃肠不适增加了16.5%，心悸者增加了22.7%；最严重的是各类疼痛症，大约增加了30%。因产后恢复不良引起各种后遗症，对女性一生的健康会产生巨大的影响。中国女性的很多疾病是因为产后恢复不良留下的。

每位女性的身体或多或少都会受到分娩的损伤，再加上国家“全面二孩”政策的实施，产后修复市场愈加火热，不少人都想分一杯羹。由于产后美容行业门槛不高，从而致使市场鱼龙混杂，乱象出现，弊病一堆。

(1) 价格含糊，收费不明确。由于没有行业标准，很多机构乱定价格，让客户无从选择。

(2) 缺乏相关专业资质、过度夸大宣传。很多机构外挂某某专家、某某教授，讲产品如何好，项目如何好，但是一旦要求提供相关资质，却一个都没有。

(3) 项目产品繁多，但不计效果，忽略初心。产后修复，顾名思义要有修复的效果出现。然而，许多机构却大列项目产品清单，只为赚钱，却不考虑产后修复的效果，忽略了从事产后修复行业的初心。

这让很多新妈妈出现想做产后修复，却不知如何选择产后修复机构的困惑。在对很多新妈妈的采访中，我们发现不少新妈妈都面临这个问题。

至此，倍兰可云应运而生。

倍兰可云自从创立伊始就定下了与众不同的服务准则与品牌理念：爱、关怀、给予。这三个关键字既是倍兰可云企业内部氛围的真实写照，也是倍兰可云对于每一位客人的服务承诺，更诠释了倍兰可云的社会责任心，体现着倍兰可云创建的初心。

倍兰可云为确保给新妈妈们高品质的服务水准，所有门店由总部直营，由倍兰可云直接斥资经营每一家门店，总部统一培训并输送专业的顾问与技师，通过高度标准化的连锁管理系统与严格的质量控制来确保统一的服务品质，保障每一位客人能一如既往地享受到全方位的产后修复方案与终身的美丽呵护。

除此之外，倍兰可云还从人体自身的新陈代谢和能量转换出发，针对产后妈妈进行专业健康调理，通过检测判诊、中医理疗、心理咨询、饮食指导和运动指导的方式，内调外养，调整产后妈妈的身体状态，排除生育后诸多影响身体健康和美丽的主要因素，为产后妈妈的健康问题尽心尽力。

从而，用“尽心尽力”服务好每一位妈妈的“初心”树立了产后修复行业的新标杆，真正地把她们的理念——“爱、关怀、给予”融入到每一个细节当中。

试想，如果倍兰可云也像其他美容机构一样，为了赚钱，为了利润，大可放开加盟，大可不必给新妈妈们做更多的检查，大可不必那么细心服务。正是由于她们对初心的坚守，她们对品质服务的要求，使更多新妈妈安心，让更多的新妈妈们选择了她们。

6. 对企业初心的误解

企业的初心是企业存在的理由。很多人认为，企业存在的理由不就是赚钱吗？

早在20世纪60年代，惠普公司就在思考企业的初心问题了。惠普公司创始人戴维·帕卡德针对这个问题表示：很多人都以为，公司的存在仅仅是为了赚钱，这是错误的。尽管这确实是公司存在的一个重要结果，但我们要深入下去，去发现我们存在的真实理由。通过调查，发现人们好像都对赚钱感兴趣，而没有其他兴趣，但其深层的驱动力来自要做一些事情的渴望：创造一种产品，提供一种服务。概括而言，是要做一些有价值的事情。

正如帕卡德所言，赚钱不等于企业存在的理由。利润固然很重要。对一个企业来讲，利润就像血液对于人一样重要。人没有血液要死掉，企业没有利润要倒闭。但是，没有人的人生目的是为了血液。同样的道理，利润是企业存在的必要条件，不是企业存在的理由。一个公司的初心是其存在的价值，这决定了它的伟大之处。它反映的是公司的灵魂之所在。如果真的只是为钱创业，这和通过卖宅基地获利的人没有本质区别。所以，创业家能否变成企业家，就看初心是否有更高的追求。

案例分享

马云的初心

从曾经的创业者到如今的成功者，马云依然坚持着那颗创业的初心。马云说：“今天的阿里、昨天的阿里、未来的阿里，我们都是要走这条路，每个人都必须这么辛苦，因为我们的未来是辛苦出来的。”

对于创业的初衷，马云曾经在与创业者分享阿里巴巴10周年的感悟时说：“创业是为了什么？在阿里10周年的时候，我意识到商道的根本在于诚信的积累，我做一切的目的都是为了获得信任，获得社会、客户、员工、股东对我的信任。”

马云认为做企业就应该要诚信，做企业就应该要有使命和价值观，否则没必要那么辛苦。“创业者、小企业做得越长，越明白创业者不容易，诚信是有价值的，是可以变成钱的。”而创业的败绩都是由欲望、贪欲导致。他说：“多花时间看旁人如何败绩，进修旁人的败绩经验，失败的经历是宝贵的，成功的经历是瞎说的。”

7. 从企业初心看企业整体运作的框架图

企业运作框架图如图6－1所示。

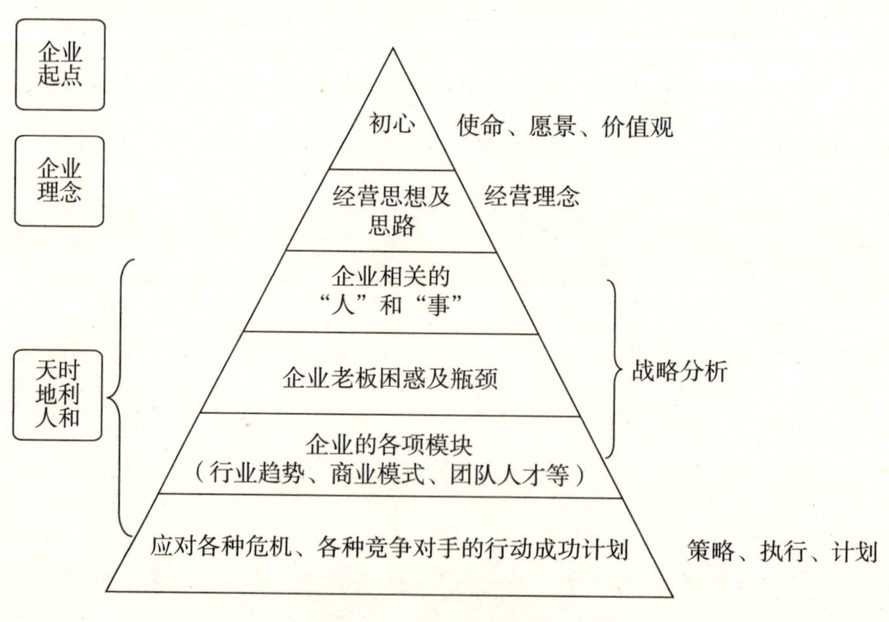

图6－1　企业运作框架图

孔子给我们上的最好一堂课

历史上成功人士很多，有些成功人士是生前成功，有些是身后成功。

有的生前成功，而身后却不成功。他们生前也许地位显赫，享尽荣华富贵，而死后不是身败名裂，就是湮灭不闻。

有的生前不成功，而身后却很成功。这种解释为生前才华可能不为人知，而死后却声名鹊起，影响深远，如毕加索、曹雪芹等。

生前和身后都成功的人不多，孔子是这不多人中的佼佼者。孔子生前和死后都是成功的人。

孔子对后世影响时间最长，长达 2500 多年。孔子对中国的影响非常大，现在乃至将来还将影响着中国和世界。

1. 孔子的一生

孔子的身世很可怜，出生三年，父亲就去世了。然而他通过自己的勤奋好学，为自己赢得了成功的一生。

孔子十九岁娶妻，妻子是宋国贵族亓官氏的女儿，出身高贵。孔子可谓是少年得志。

二十岁生子，鲁国国君鲁昭公送鲤鱼祝贺，因此孔子给儿子起名孔鲤，字伯鱼，以示纪念。一个布衣生儿子，国君送礼祝贺，这还不荣耀？他去洛阳读书，也是官派官费，并由南容适这样的贵族子弟跟随陪同，何等潇洒！

孔子三十岁时，齐国国君齐景公和晏婴到鲁国访问，曾问礼孔子。

孔子三十四岁，鲁国重臣孟厘子命二子师从孔子学礼。

孔子三十多岁，在齐国与国君和齐相晏婴谈政治，论学问。

孔子五十一岁做中都的县长，五十二岁升任司空，相当于建设部部长，后又升任司寇，相当于司法部部长。

孔子五十五岁辞官，周游列国。孔子在周游列国时，每到一地，都是地方最高长官接见，有谁能享有如此殊荣呢？

前无古人，后无来者。

孔子六十八岁被接回鲁国，尊为国老。

孔子活了七十三岁，在古代是长寿星了，他为什么能长寿呢？自然有他的养生智慧。

孔子死后，鲁国国君鲁哀公为他致悼词，他的弟子有为他守丧三年的，甚至还有六年的，这样的荣光，也是前无古人，后无来者。

纵观孔子的一生，他很小就名声显赫，结交权贵，可以说心想事成，一生顺利。

2. 孔子为什么能成功

两千年来，孔子虽然荣荣辱辱，但始终被人尊敬。谁又能有这样的影响力呢？

孔子是成功的，不管生前还是死后。这是我们每个人都向往的人生境界。

孔子靠自己的努力，从一个贫家子弟，成为诸侯座上卿。

一介布衣，成为万世师表，至圣先师。

孔子为什么能如此成功，他的成功智慧我们能否借鉴？

（1）顺应时代，传播大义。

孔子生活的年代，正处春秋时期，各国忙于征战和发展，此时的社会人心涣散，急需一种思想和工具来维持社会的平衡和当权的统治。而孔子一直传播的是“文、行、忠、信”等维持社会稳定和促进团结进步的思想，正合乎了时代的需求和当权统治阶级的需要，所以能在民间和当权贵族之间流传，甚至很多当政君王都向他学习请教。直到今天，事实证明孔子的事业对社会、对中国的发展都有很大的帮助。所以，任何时候只要是顺应时代需求和为社会和大众带来收益的事业，都会被历史铭记。

孔子一生在传播的，就是四个字：文、行、忠、信。

这是《论语·述而篇》记载的内容，子以四教：文行忠信。

“文”是成名学，教人如何拥有才华，展示才华。

“行”是礼仪学，教人如何重仁循义，举止适宜。

“忠”是修养学，教人如何尽心竭力，言行由衷。

“信”是知人学，教人如何知人识人，从容处世。

文、行、忠、信这四种学问，是任何一个人成就自己的必需学问。

考察成功人士的成功轨迹，都是因为有意无意地遵循了这四种学问。

这四种学说相辅相成，缺一难以成就完美的人生。任何成就一番伟业的人，他必定是有意无意地运用、实践了这四种学说。

（2）坚定初心，永不放弃。

当初，孔子周游列国，各个国王接见孔子。才几句话，国王们就发现孔子的思想是水中捞月，不切实际的幻想。

有国王对孔子讲，这都什么时代了，你怎么还死抱着几百年前的东西不放?

孔子说，只要咱们克己复礼，回到从前，就能止息干戈，清平世界即在眼前。

国王对孔子说：“我现在过得挺好的，从前还受周王管辖，现在自立为王，自由自在。你凭什么让我回到被人管辖的日子?”

孔子说，你这想法不对，到处都是战乱，就因为你们这些人有这种想法。如果有个天下共主，有话好好说，世界和平，这该多好。

这位国王撇着嘴，问孔子，你信你说的话吗？

孔子说，当然信，坚信不疑。

在周游了无数国家之后，备受冷淡的孔子仍是激情四射。有弟子实在看不下去了，偷偷对他说："老师，有人说您是丧家犬。"

孔子大惑不解，我怎么就是丧家犬了呢？我有精神家园啊，它就在我心里。

又有弟子偷偷对他说："有人说您太自以为是，总觉得自己的见解是好的。"

孔子大笑，我的见解就是好的，我当然要自以为是啊。

无数人讥讽孔子不合时宜，无数人抨击孔子缘木求鱼，但孔子初心不改，一往无前。正是这种坚持，使他开创了儒家学派。

（3）孔子给我们上的最好一堂课：初心。

孔子这一生在传播他的理念过程中，不但受到诸侯、政客、小人的排挤、迫害，还受到普通老百姓的嘲弄和误解，可以用四个字来总结："处处碰壁。"

在众多的大思想家中，孔子的遭遇也最为尴尬。道家、墨家不参与政治，道家重虚诞，渴望回归到小国寡民之时，多归隐；墨家具有平民色彩，身体力行做农工之事，多行侠。法家、兵家多务实，顺应时代之需，成为各诸侯国利用的工具，为大一统的封建帝国做出了贡献。而以孔子为代表的儒家提出了恢复周礼的主张，让各阶层的人找准自己的位置，做好自己的事，衣食住行都要符合尊卑等级身份，君有君样，臣有臣样，父有父样，子有子样，天下自然太平无事。想法不错，但太理想化了，和强盗讲"礼"，未免太浪漫了。

孔子周游列国，每到一处便宣传自己的思想，却无人喝彩，不仅不被诸侯国认可，而且还经常受到道家之士的讽刺羞辱。孔子的后继者孟子发扬了理想主义者前赴后继的精神，也走上了同样的道路，结果依然败兴而归。

然而，孔子依然坚守着他的初心。正是因为他的坚守，才迎来今天巨大的成功。

可是我们很多人在遇到挫折时，都会选择放弃。

很多人应该都知道“天将降大任于斯人也，必先苦其心智，劳其筋骨，饿其体肤，空乏其身”这句话。也就是说，做任何事情要想获得成功，必须要付出代价，而遇到挫折和失败是所付出的代价的一部分。遇到失败或是挫折并不可怕，关键的是你如何对待挫折，在挫折中坚守你的初心。不能一遇到挫折就心灰意懒、一蹶不振。

面对初心，孔子的成功给我们上了很好的一堂课。人生成功，莫过于做好这三件事：

一是知道如何选择自己的初心；

二是明白如何坚持自己的初心；

三是懂得如何珍惜自己的初心。

德国的“细分冠军”是如何炼成的

什么叫细分冠军？

它是指在各行业细分领域排名第一的企业或机构。

根据专业机构抽样调查，全世界3000家细分冠军企业中，德国就拥有1307家细分冠军，是数量最多的国家，约为中国的19倍。

为什么人口和企业数量不多的德国，却能诞生这么多世界级的细分冠军企业？值得我们思考及学习。

1. 细分冠军是怎么炼成的

通过我们对德国“细分冠军”的探析，我们发现，他们成功的原因如下：

第一，建立质量优势：靠研发。

在德国，65%的中小企业参与研发活动，40%的中小企业有专门的研发部门。细分冠军企业一开始往往针对“缝隙市场”，一旦在细分市场建立质量优势，就会不断加大研发投入，通过创新扩大领先优势。

德国有一家做汽车开关的企业，大众、奔驰、宝马都是它的客户，它引领了汽车开关行业的变革。颇为惊人的是，该企业每年会拿出利润的10%投入到研发中。

但在中国，企业对研发的投入少得可怜。以发展成熟的汽车厂商为例，同一个零部件的供应商往往几十乃至上百家，产品同质化严重，且以低价作为主要的竞争方式。

第二，获得市场优势：靠价值主导。

如果你认为德国中小企业的创新仅仅体现在技术层面，那就大错特错了。德国的细分冠军企业更注重技术和客户需求的结合，即如何通过技术更好地满足客户的需求。事实上，它们将市场和技术看得同等重要。

德国有一家做螺丝的企业，在全世界同行业中销售额最高。在建筑业要用到大量的螺丝和螺丝刀，但是要找到大小正合适的一套却很费时。这家企业做了一个创新，给同等规模的螺丝和螺丝刀贴上同样颜色的小标签，找起来就方便多了。这样的改进并非高科技，却对客户有非常大的价值。

在对细分冠军企业的调查中，我们发现，其中65%的企业都认为它们很好地满足了客户的需求，而且将客户需求和技术相结合。而这一点，只有19%的大型普通企业能做到。对于细分冠军企业而言，它们的战略是价值主导，而非价格主导。

第三，发展细分冠军：靠工匠精神。

工匠精神，是指工匠对自己的产品精雕细琢、精益求精的精神理念。

德国的细分冠军企业喜欢不断雕琢自己的产品，不断改善自己的工艺，享受着产品在双手中升华的过程。他们的目标是打造本行业最优质的产品，其他同行无法匹敌的卓越产品。

保时捷，这家家族企业，1936年成立，已传至第三代。保时捷有这样三条哲学：

（1）品质精神。

保时捷组装一部车只需9小时，但出厂则需要数月。保时捷的订单最快也需3个月，有些配置高的甚至需要提前一年预订。尽管需求旺盛，但该企业并不急于扩张。

保时捷并非拒绝机械化。这里，工人负责组装，机器人负责搬运，全场通过WiFi控制和联络，井然有序。

（2）不盲目扩张。

保时捷保持着细水长流的生产节奏，从未有过淡季，即便金融危机时也不淡。由于受厂房限制，又处于市区，保时捷每天只能生产200辆车，年产不过6万辆，仅两三百亿元的产值，和其他汽车巨头动辄上千亿元的产值无法类比。不轻易急速扩张，与其说是德国家族企业的特点，不如说是德国企业的普遍特点。

（3）传承精神。

保时捷售价每部12万欧元起，属汽车中的奢侈品。保时捷的技工至少要培训三年以上，上岗前还要集训两三个月。这里上年纪的熟练工不少，他们一般干到老（65岁退休，现在可以延长至67岁）。老技工的技艺是核心竞争力。

是工匠精神、家族传承和现代科技形成的铁三角让保时捷这样的德国制造企业立于不败之地，凭现在多火爆的互联网之风怎么吹就是不动摇。

然而，我们国内很多企业，由于心浮气躁，追求“短、平、快”（投资少、周期短、见效快）带来的即时利益，从而忽略了产品的品质灵魂。因此，我们的企业更需要工匠精神，才能在长期的竞争中获得成功。当其他企业热衷于“圈钱→做死某款产品→再出新品→再圈钱”的循环时，坚持“工匠精神”的企业，依靠信念、信仰，看着产品不断改进、不断完善，最终，通过高标准要求历练之后，成为众多用户的骄傲，无论成功与否，这个过程，这种精神是完完全全的享受，是脱俗的、也是正面积极的。

第四，保持细分冠军：靠初心。

德国92%都是中小企业，因为德国的股市不发达（全德国不过800家上市公司）。德国中小企业比较“一根筋”，信奉世世代代流传下来的经营哲学——“活下去”比什么都重要，做成“第一”才能活得更好，这是他们的初心。

因此他们不会纯粹追求利润，也不诉诸资本运作，更是从来没想过上市。

他们只有一个意愿：想办法把企业的产品或服务做成最好，做成世界第一。

案例分享

毕孚自动化的成功之道

毕孚自动化设备贸易（上海）有限公司（简称毕孚自动化）是德国倍福自动化有限公司（Beckhoff，简称倍福）在中国的全资子公司，是一家从事工业自动化产品研发和生产的高新技术企业。自 1980 年成立以来，公司始终秉持“自动化新技术”的核心理念，所生产的工业 PC、现场总线模块、驱动产品和 TwinCAT 自动化软件构成了一套完整的、相互兼容的控制系统，可为各个工控领域提供开放式自动化系统和完整的解决方案。经过 30 多年的发展和努力，倍福已在世界各地设立 30 多家分支机构，业务遍及 70 多个国家和地区，成为了自动化产品领域的细分冠军。

毕孚自动化（倍福）为什么能够取得如此成绩呢？经过我们研究分析，发现以下几点值得我们学习：

（1）将解决方案做到“让客户尖叫”。

现在的工厂需要很多工程师负责过程控制、包装、环境条件，因为每个环节的程序都不一样，这样就需要很多工程师才能保证整个系统的正常运行。如果采用倍福基于 PC 的自动化技术，整个工厂只有一个系统，只需一个工程师就能解决所有问题，这让许多客户都感到很惊奇。倍福为客户提供定制化的解决方案，能够和其他设备集成。和竞争对手相比，倍福在提高设备的生产能力以及产品质量，减少生产过程、设备准备阶段产生的浪费，降低维修以及能耗等方面做得更加突出。

（2）将细节考虑到你无法想象。

食品和饮料行业是比较特殊的行业，相关的国际标准和国家标准非常严格，对卫生的要求很高，设备和车间每天都要清洗。倍福非常重视食品和饮料行业，专门为食品行业开发了相应的产品和解决方案。比如不锈钢控制面板以及面板型 PC，不锈钢面板外壳采用无缝和齐平安装设计，可以防止灰尘进入，外壳轮廓采用圆角设计，液体能够自然流下，还能防止污染物堆积。不锈钢面板和触摸屏耐清洗剂和消毒剂，完全达到了食品饮料行业严格的卫生要求及洁净室规范。倍福最新推出的 AM8800 系列防水电机采用的也是不锈钢设计，防护等级达到了 IP67 标准，最高甚至还可达到 IP69K，能够应用于极端恶劣或腐蚀环境中，不锈钢外壳极为坚固，不容易受到机械损伤，AM8800 电机甚至适合用食品工业中用到的高压清洗机进行清洗。

（3）以创新为发展理念的主轴，不断进步。

作为一家技术和用户需求驱动型公司，倍福从未停止过创新的脚步。公司始终以“让我们的客户更有竞争力”作为自己的使命，以团结、开拓、积极进取的精神，努力做好售前、售中和售后服务工作，不断为用户提供灵活、可靠的系统解决方案。其创新产品和解决方案广泛应用于风力发电、半导体、光伏太阳能、金属加工、包装机械、印刷机械、塑料加工、轮胎加工、木材加工、玻璃机械、物流输送以及楼宇自动化等众多领域。尤其在新能源领域，公司在兆瓦级风电控制系统中的市场占有率超过 50%，受到国内众多风机厂家的好评。

德国工业自动化企业多如繁星，而且多数都是中小企业。根据粗略统计有 4000～5000 家之多。但是，对于中国工业自动化领域来说，能让中国认为比较知名的，而且比较佩服的德国工业自动化企业则往往只有 20 多家，他们成为了各产品领域的细分冠军。

这些企业以其先进的理念、精湛的技术、优良的管理、特色的产品、负责的精神赢得了人们的信任，获得了良好的声誉。

而在这20多家公司中，以倍福自动化公司为代表的“细分冠军”成功之道非常值得我们学习。

2. 总结

什么是“不忘初心”？

德国的细分冠军很好地解释了这个道理：一种工匠精神的习得和传承，需要匠人们不忘记自己的初衷和使命，需要他们有一种将技艺传承下去的信心和决心。将一件事做到极致，除了对产品精益求精、一丝不苟、不投机取巧之外，还需要有耐心，专注和坚持，在专业领域上不断追求进步。

那些具有“匠心”的技工凭的是传承和钻研，靠的是专注与磨砺，他们都享受把每一件事做到极致的成就感。这是一种职业精神，这种职业精神值得社会的尊重，也是当今社会最稀缺的品质。

中国企业30多年来一直学习的是美国模式（融资+快速扩张模式），一味做大做强。其实还有另一种欧洲模式，追求恒定长远目的，那就是德国细分冠军模式。

中国股市概念横飞，新三板上，只要沾上“工业4.0”“互联网+”，把企业“染”成搞机器人、搞网络的，股价立马被炒上数十倍甚至百倍，然而死亡破产的更是数不胜数。我们有时候有点学歪了美国模式，应该好好借鉴一下德国细分冠军企业“不忘初心”的模式。先成为某一细分领域的冠军，再来考虑其他的事情。

纵观以上企业和人，无论是华为的任正非、还是阿里巴巴的马云，他们成功的背后有一个共同点：坚守初心，做好起点。正因为他们的初心，才成就了今天的辉煌。

第七章　何为未来的企业家

中国的企业家从以前的小打小闹、街头摆摊，到今天可以去并购 IBM（国际商业机器公司）、并购沃尔沃汽车，可以站在世界 500 强企业的行列，着实不容易，值得我们每一个人尊敬。

我们老一代的企业家多是拓荒者。他们不但要琢磨如何把产品做出来，还要想怎么把它卖出去。一边要写总结汇报的讲稿，一边想着怎么把这个月的奖金和工资发下去。就是这样的一群人，硬是把中国市场经济的大车给推动了。

现在的企业家比老一代的企业家高明很多。过去是企业领导人靠个人的号召力使得大家齐心协力，把业务做上去。现在的企业做到一定程度，规模已经大到一个人管不过来了。这时他们知道需要流程。他们建立流程以保证不必事必躬亲也能办成。流程也让每个人都负起责任，而不需要他们去督促。现在的企业家大多数善于精耕细作。他们善于“小步快跑”，把企业的管理体系一点点地完善起来。

但是，未来变了。

首先，人变了。以前的企业家面对的员工与今天面对的“90 后”“00 后”员工相差十万八千里。供大于求的市场令客户的选择权变得更大，企业针对不同的客户要使用不同的策略。

其次，市场变了。市场变了，游戏规则也变了。今天是互联网的时代，参与竞争的不再只有当地的竞争对手，它有可能来自全国各地，甚至全世界其他国家。企业家要面对的是全世界的优秀企业。可想而知，压力有多大。

那么，未来的企业家该拥有怎样的能力和智慧，才能在激烈的市场竞争中占有一席之地呢？本章将重点阐述这一问题。

你离四极境界还有多远

众所周知，格力董事长董明珠已经辞去董事长一职，在格力打拼了22年的功臣，光荣下台。于是，有了以下轰动整个中国商界的广告（见图7－1）。

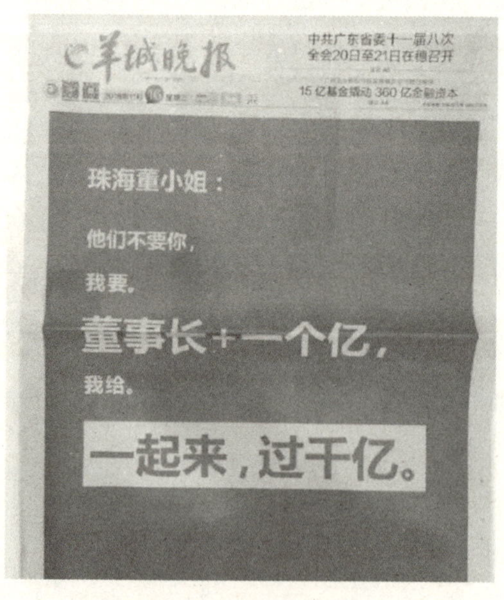

图7－1　广告（一）

一位土豪在羊城晚报上包下整版的广告，广告就几十个字："珠海董小姐：他们不要你，我要。董事长+一个亿，我给。一起来，过千亿！"

给出董事长的位置容易，但是一个亿对于一般的企业来说，能抵上一年的营收，这位土豪是何方神圣？

还没等很多人缓过神来，紧接着，又一个惊动全国商界的广告来袭（见图7-2）。

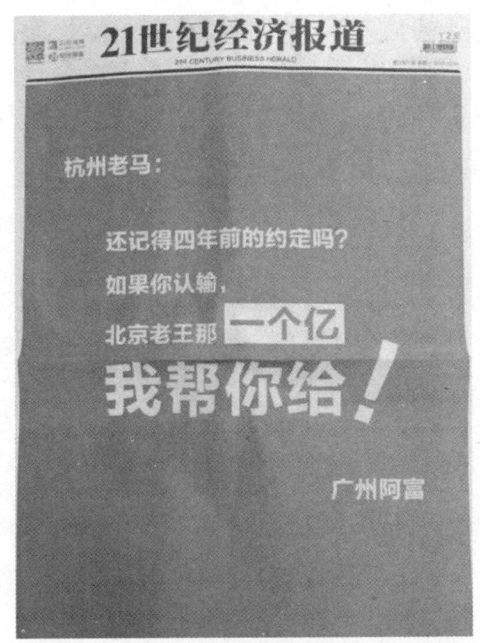

图7-2　广告（二）

这位土豪"广州阿富"再次在21世纪经济报道上登了一则广告，广告与董小姐的这则如出一辙，内容是："杭州老马：还记得四年前的约定吗？如果你认输，北京老王那一个亿我帮你给！"怎么看着这个广告这么熟悉呢？想起来了，原来马云跟王健林曾经有一个"一亿的赌约"。

这位土豪"广州阿富"他是谁？为何能够有此胆量频频刷爆中国商界？

他叫叶国富。

他被无印良品、优衣库、屈臣氏等众多知名品牌企业列为“全球最可怕的竞争对手”。

为什么？

他创立的“名创优品”连锁店，3 年开了 1800 家，年销售额做到 100 亿元。

1. 从名创优品的成功，我们看到了什么

一家连锁实体店，短短 3 年时间，在全球开了 1800 家店，每月开店 80～100 家，年销售额近 100 亿元。

这样的成绩不得不令人啧啧称奇，毕竟目前正处于实体经济不景气，互联网电商异常火热的情况。

这家日系“十元店”，2014 年，全年营业收入达到 20 亿元；2015 年，全年营业收入为 50 亿元；2016 年，全年营业收入近 100 亿元。

其实，当年 SHE 代言的那个火遍大江南北的饰品店“哎呀呀”也是他创立的，名创优品算是他的第二次创业。

2005 年，叶国富创立“哎呀呀”品牌，现如今，哎呀呀在国内拥有了 3000 家专卖店，也取得了一定成功。

创立三年，名创优品的增长速度着实让人咂舌，我们不妨分析下它成功的原因。

要知道：阿里巴巴从 0 元到 100 亿元用了 4 年，京东从 0 元到 100 亿元用了 6 年，唯品会从 0 元到 100 亿元用了 7 年。名创优品从 0 元到 100 亿元只用了 3 年。它的成功，值得我们研究。

（1）核心是设计。

看不懂名创优品的人，就像十年前你看不懂阿里巴巴一样。名创优品

全球 1500 家店的最核心的部分是“设计的力量”。

去年董小姐被罢免了集团董事长时，他们在《羊城晚报》上做了个广告：“珠海董小姐，他们不要你，我要。董事长 + 一个亿，我给。一起来，过千亿！广州阿富，@ 名创优品。”

为什么敢登这个广告？

如果没有底气、没有霸气，绝对不敢做这样的新闻。今天名创优品在外面还会遭受一点质疑，那是因为很多人不了解名创优品。

名创优品做的是消费品，是消费者每天都要买的，而且现在做到了全球。

格力是做什么的？卖空调。

你知道一台空调要用多少年吗？只有你搬家的时候、装修房子的时候才买空调。怎么跟消费品比？

格力第一年 1200 亿元，第二年做到 900 多亿元，业绩下滑很厉害。耐用品的增长不要说在中国，在全球都到顶了。

为什么董明珠自己那么急、那么火？搞手机、搞电饭煲、搞汽车，都是有原因的。

目前名创优品在全球的 15 个国家开店，在国外的生意比中国好很多。

未来名创优品 90% 以上的业绩在国外不在中国。未来中国只占其生意的 5% ~10% 。

到 2020 年，名创优品的目标是 600 亿 ~800 亿元，到 2025 年，目标是达到 3000 亿元。底气在哪里？就在于它的核心是设计。

名创优品的设计团队由来自全世界的顶级设计师组成，为它们的产品设计奠定了基础。

（2）不断发展靠创意。

苹果靠什么让我们不断买他的手机？

苹果手机质量相比诺基亚更好吗？不一定，但是苹果的创意是一流的，它就是靠不断的新的创意来引导我们消费。

任何一个企业，无论是商品的创意、营销的创意、商业模式的创意，一旦你的创意结束了，企业就结束了。名创优品就是靠“生生不息的创意”发展起来的。它店里的产品，几乎每隔一段时间就有新的创意产品出来。

（3）专注极致到尖叫。

未来3~5年，电商会淘汰一大片，因为新零售时代会到来。

什么叫新零售？马云讲过，新零售就是线上+线下。

是这样的吗？如果是这样，那不就是O2O的新装。如果新零售是线上+线下的话，中国所有的实体零售都是新零售。那是马云没有说透让大家知道。

中国现在很多的实体零售店，大部分都有电商部，哪个不做线上？结果就造成了很多恶性竞争。

过去的电商会倒逼中国实体零售的创新。下一波崛起的新零售什么样？

第一个案例：Costco超市。

Costco是美国一个高端超市，目前还没有进入中国，在美国做得非常好。

Costco里面最大的特点是什么？它的产品很漂亮，陈列很好，价格很低。而且大部分产品都是名牌产品。它最大的缺点就是，没有会员卡不让你埋单。在日本，没有会员卡进都不让你进。在美国可以进去，但在埋单那一刻，一定要用现金，除非用它们自己银行的信用卡。

所以，我们创业不要面面俱到，不要认为每个地方都要做得很完美。与其伤其十指，不如断其一指。

一定要在一个点上有所突破，其他服务差一点没关系。

第二个案例：优衣库品牌服装店。

优衣库品牌服装店，价格很便宜，它在日本还有一个名字“不要钱的衣服”。

优衣库的羽绒服，大概卖399元、499元，日本的优衣库比中国要便宜20%，但日本的平均收入是我们的5倍。在日本人眼里，就像我们花70元钱买一件羽绒服一样。

所以，日本人给优衣库起了一个名字“不要钱的衣服”，想买就买、想丢就丢。T恤衫，在他们眼里就几元钱而已。

那么，下一波崛起的新零售什么样——就是这种专注做到极致，让客户尖叫的产品。

优衣库，就是这种又便宜、质量又好、款式又棒的衣服，你不要，很多人排队抢。

名创优品也是一样，产品大部分都是10元左右，10元在今天的中国是很低很低的数额，用10元去买质量超好、款式又棒的产品，你买不买？

比如手机，按照中国的消费习惯，客户最喜欢什么？喜欢双卡双待，喜欢换电池。

中国有14亿人口，如果按照我们一般的企业家思维，这么重要的市场，他们一定要重视，一定要听消费者的声音，去迎合消费者。

那么，你看苹果手机会不会改进？答案是：不会。苹果手机就是这样坚持，就这一款手机，就不能双卡双待，就不能换电池，可是它把手机卖到了全世界。

这一点值得我们学习。一点突破，其他的缺点忽略不要看。因为往往用户的建议，90%是无效的。

我们需要做的是去发现、洞察用户最痛的那一点。比如有10个痛点，最痛的那一点深耕，其他 9 个点不要看。

把这一个点做到极致，你的产品才有爆发力，不要试图解决它所有的痛点。

（4）品质管控体系是保障。

中国做了 30 年外贸，多数企业以贴牌加工为主要业务来源，但名创优品它不一样，它们在输出品牌、输出设计、输出中国制造、输出渠道。在世界，每个商场、每个街道都能看到他们的 Logo。

而中国的很多产品，只是进了别人的渠道而已，给你一个位置，摆在那个地方，这是很大的区别。

名创优品在海外的业务比中国高两三倍，为什么？海外没有像中国这么疯狂的、畸形的电商存在，中国电商是很畸形的，大部分电商发展靠假货，在别的国家是没办法活的。

阿里巴巴虽然在国内很成功，在国外的股价还在跌，这是为什么？

因为它没有做到品质把控，也没做到价格把控，只是搭个平台，不管货品质量怎么样，卖多少钱阿里巴巴也不管。

京东也是的，京东刚开始很好，就是靠直营，一做平台就出问题了。

但是，宜家、优衣库做不做平台？未来的零售，只有通过你的设计，进入供应链，自己能定价、自己能把握品质，才是好的零售。

只有这样才死不了。这是核心，如果你把这点丢了，不行。

对零售企业来讲，品质丢了、价格丢了，你这个零售企业就死掉了。

（5）环境好 + “服务”好。

1）环境好。

今天的消费者很注重环境。名创优品 90% 的店铺开在购物中心，北京所有的商场都有他们的店，不管是大悦城还是凯德 Mall、王府井百货。他们在做什么了？在营造一个好的环境。

他们的 200 平方米店装修，大概要花 40 万元。卖得是什么产品呢？大部分都是价格 10 元、15 元、20 元钱的产品。

你们见过卖这么便宜的东西，进入这么好的商场，花这么多钱去装修的吗？除了名创优品，没有第二个。

2）“服务”好。

我们讲的这个“服务”是打了双引号的。因为我们认为，在快消品类，好的服务是“不要服务”。

为什么实体零售倒闭那么多？

就是服务太过度了。女同志到服装店买一件衣服，店员跟得很紧，随便一件衣服一试，店员好听的话就来了，说你穿这个衣服多么漂亮，不当明星都可惜了，你比范冰冰还漂亮！他们招聘店员既要年轻漂亮，还要口才好，会忽悠。

而名创优品没有这方面的服务。可是，店员忙得不得了，在理货、搞卫生，没有人给你服务，你进去随便买。

什么叫好的服务？那就是不要服务，新的连锁都是不要服务的。如果还要人员去介绍、推销产品的话，这个企业没有未来。

（6）坚定初心：不做一次性的买卖，要有回头客。

名创优品的眼线笔只卖 10 元钱。从上市那天到今天，卖了超过 1 亿支，10 元钱 1 支，就是 10 亿元，一个产品卖 10 亿元。

这种产品，每个月顾客都要买一次，一个月 1 支，一年 12 支。如果产品不好，还有人买第二次吗？

怎么让产品有回头客？品质一定要过硬，而且要开发爆品，不要多，就那一两款，然后让你每个月回来买。绝不会让你买次品。这是他们的初心。

2. 未来企业家的四极境界

从名创优品的成功，我们看到未来的企业家经营企业想要成功，需要做到这“四极境界”：极致的产品设计、极高的性价比、极佳的购物体验和极好的企业初心。

只要做到这“四极境界”，无论是线上还是线下，在哪里生意都很好。名创优品到今天，没有在网上卖一件东西，依然不影响他们成为100亿元的企业、1000亿元的企业。

（1）极致的产品设计：产品不一定要多，但一定要有设计感，要打通供应链，深度进入供应链。

（2）极高的性价比：暴利的时代已经过去了，未来会进入微利时代，进入少即是多的时代。

什么叫少、什么叫多？

产品的品种要少、成本要少、利润要少、价格要少，最后会赚很多钱。

就像ZARA老板，成为世界首富；优衣库老板，成为日本首富；宜家老板，成为欧洲首富。

（3）极佳的购物体验，无场景、无体验、无保证。这一点是针对快消品而言。而其他行业的购物体验在这里就不一一举例了。

（4）极好的企业初心：做企业如同做人，你做这个企业的初心如果是坏的，或者只是为了赚一笔钱，那么你将走不远。就像名创优品一样，他们的初心是拥有更多的回头客。

站在未来，投资今天

人在这个社会上有三种活法。

活法一：做一天和尚撞一天钟。

活法二：摸着石头过河。

活法三：站在未来，投资今天。

你属于哪一种?

我们想，我们大多数人现在还处在摸着石头过河的状态。但凡成功人士，尤其是那些获得巨大成功的人士，他们都具备一个优秀的思维习惯，那就是：站在未来，投资今天。

1. 什么是“站在未来，投资今天”

想问题有三种方式：

第一种是站在过去看今天。这种只靠回忆力，只有埋怨、回忆和自满，这是一个比较容易犯错误的思维。

第二种是以现在判断现在。也就是说从别人那里看到的东西来判断我今天做得对不对，这个也不是前瞻，而只是一个横向比较和判断。

第三种是站在未来，投资今天。能够构成前瞻力的一定是站在未来投资今天。站在未来的某个时点，然后看到未来那个时候发生的所有的变化，和可能发生的变化以及必然发生的变化，然后决定我们今天哪些事情要做，哪些事情不做。着眼未来，发现规律，按照规律去安排自己的事情，并且去重点投资时间，投资精力，投资更多的资源去为未来做准备。

如果我们把人生比作登山的话，所谓“站在未来，投资今天”就仿佛我们先用直升机把你空降到山顶，让你借助高倍望远镜看清脚下这座大山与周围群山的关系，尤其要看清你将从哪里出发，你将怎样走才能到达山顶。你要知道，这其中有多少岔路口需要抉择，走哪条路距离最短，哪条路可能是死路一条，哪条路可能荆棘密布，走哪条路可能遭遇陷阱。

等大致了解了登山路径，直升机再把你投放到出发地，我相信你已经清楚地了解前面的路径。虽然登顶依然还有很多困难，诸如体力、毅力的考验，但我相信，你登山冲顶一定比其他人信心更足，目标更明确，效率更高。

这是我们为什么要“站在未来，投资今天”。

2. “站在未来”的深度剖析

让我们通过世界著名富豪哈默的一个案例来进行研究。

阿曼德·哈默出生于美国纽约的布朗克斯，其祖父是移居美国的俄国犹太人。他的一生在世界各国往来，有很多精彩的企业管理案例。

1931 年，哈默从苏联回到美国，当时美国正在进行总统选举。哈默经过分析，认定未来罗斯福会获胜。于是哈默通过各方面信息得知，罗斯福嗜酒如命，他如果当了总统，美国 1920 年所公布的“禁酒令”就会被废止。(“禁酒令”规定：自己在家里喝酒不算犯法，但与朋友共饮或举行酒宴则属违法)。哈默认为，一旦“禁酒令”被废止，各种酒类的生产量将会大幅提升，其中威士忌会最受大众欢迎，而威士忌是需要专用白橡木桶来进行贮存、运输的。哈默知道，俄罗斯的白橡木产量很大，于是他打通进货渠道，很快在新泽西州建立了一个现代化的酒桶加工厂，取名为“哈默酒桶厂”。

哈默在操作这一系列事情的时候，大选尚未进行。当他的酒桶厂建好的时候，正好是大选结果揭晓、罗斯福获胜的时候。当他的酒桶厂批量生产的时候，正好是罗斯福废止“禁酒令”的时候。这时候，生产威士忌的厂家很多，各酒厂的产量也随之直线上升，但最大的问题是需要很多酒桶。哈默早已把酒桶准备好了，生产威士忌的酒厂很多，但大规模生产酒桶的只有“哈默酒桶厂”。于是，“哈默酒桶厂”的盈利，大大超过了各个酒厂。

在这个案例中，哈默之所以判断“禁酒令”一定会被废止，是经过了对宏观形势、市场需求、决策者的爱好与心智模式等多方分析的。当时的经济正值全球性大萧条，美国需要通过扩大内需来拉动经济。罗斯福在候选人中最有获胜的机会，罗斯福是一个好酒的人，哈默知道一旦解除了“禁酒令”，社交场合的饮酒会大大提升酒的市场销售。

同时，罗斯福是一个很张扬的人，他不会顾虑因自己的个人喜好废止一部法律而招致的非议。哈默经过深思熟虑，认为当这些假设同时成立时，“禁酒令”一定会被废止，因此他果断地认定了这是个投资机会。当面临这样投资机会，哈默有多种选择，可以考虑生产酒、生产酒具、开酒吧，或者运输酒、做生产酒的设备，甚至生产解酒药、做代驾、办酒文化企业，等等。但是，在综合考虑自身资源、投资回报、市场、竞争、风险等诸多因素的情况下，哈默选择了做酒桶。

其实，相比其他方案而言，做酒桶的风险是最大的。设备、原料、技术都是专用的，不容易转产，一旦投资失败，风险很难控制。那么，哈默为什么选择了一个风险最大的方案呢？因为在这个特定的项目中，风险与回报是成正比的。风险大，回报也大。如果在我们自己的企业中，是否要选择一个风险大，回报也大的方案呢？这和企业自身的情况有关，尤其是决策者的心智模式。

但是，从哈默的决策我们可以看到，未来就是在不断分析的过程中所作出的选择。企业站在未来，投资现在，换句话来说就是对未来的追求决定了今天的选择。

还有一个实例，浙江惠康实业有限公司的发展也能说明这个问题。

浙江惠康实业有限公司成立于20世纪80年代，是一家生产注塑产品的企业，主要为电视机企业提供塑料制品的配套生产。

20世纪八九十年代，电视机主要以显像管技术为主，各电视机厂家所用的塑料件也大同小异。国内有很多类似惠康公司这样的注塑企业，产品同质化很严重，行业竞争非常激烈，惠康公司的市场份额很低，1998年公司的销售额仅为2000万元。1999年，惠康公司总经理在一次国外考察时发现了电视机行业的新技术——等离子技术，于是他对电视机行业的发展进行了深入的分析和研究，得出一个结论——等离子电视机和液晶电视机在不久的将来会全面替代显像管电视机，成为行业主流。他进而想到，等离子电视机、液晶电视机与显像管电视机的外观相差很大，所需塑料制品也一定会有很大差异。于是惠康公司当年做出一个决策：投入大量资源进行等离子电视机和液晶电视机塑料制品的研发、设计。很快，他们针对相比显像管电视机而言，等离子电视机和液晶电视机体积小、厚度薄的特点，做出了塑料制品新的设计，并做出了手板模型。他们带着新的设计图纸和手板模型到各家电视机企业去介绍产品的时候，各电视机企业都是以生产显像管电视机为主，对于等离子电视机和液晶电视机的研发、生产，并未列入计划。

到了21世纪初，等离子电视机和液晶电视机逐渐成为主流，各电视机厂家纷纷开始投入研发、生产。当他们选择塑料制品的时候，惠康公司的新设计和手板模型先入为主、独占鳌头，其他注塑企业根本来不及设计。于是，惠康公司的订单大量增加，占领了很多市场份额。到了2007年，惠康公司的年销售额已经超过十亿元，并成功收购了很多原来的竞争对手。

通过上面的两个案例，我们可以看到，惠康公司的案例和哈默的案例如出一辙，都是决策者通过基于对未来发展变化的研究，站在未来的角度对当前的企业进行了设计，从而使企业取得了巨大的成功。不少人误以为企业应该是站在现在看未来，总希望对未知的未来做好设计，从而无往不利，可往往事与愿违——这就是很多企业家总认为有时候战略用处不大的核心原因。企业不是站在现在看未来，而是站在未来看现在才对！

3. 怎样才能"站在未来"

最简单易懂的来分析，是以下这样一个模式。

已知→未知，过去和现在→将来。

即将规律、趋势、逻辑、经验、实质等方式，作为分析问题的能力和手段，来判断未来基点。

常用的分析逻辑如下：

（1）由小见大——从某个现象推知事物发展的大趋势。例如，现在有人开始购买私家汽车，您预见到什么？运用这一思路要防止以点代面、以偏概全，而且要根据自身的情况决定。

（2）由表及里——从表面现象推实质。例如"统一食品"在昆山兴建，无锡的"中萃面"应意识到什么？一次性液体打火机的出现，火柴厂应意识到什么？

（3）由过去、现在推以后——历史的东西对以后的发展是极有指导性的。换句话说：10 年以前，谁敢想象自己家有空调、电脑、电话？那么站在现在，我们问：您能不能想想10 年后您会拥有自己的汽车？这种推理对商家是颇具启发的。您能总结一下中国家庭电视机的发展规律吗？也许，您从中就能找到商机！

（4）由远及近——比如国外的产品、技术、管理模式、营销经验、方法，因为可能比较进步，就代表先进的方向，可能就是“明天要走的路”。

（5）自下而上——从典型的局部推知全局，一个规模适中的乡镇，需要3台收割机，这个县有50个类似的乡镇，可以初步估计这个县的收割机可能的市场容量为150台。

（6）自上而下——从全局细分，以便认识和推知某个局部。例如，我们想知道一个40万人的城市女士自行车市场容量，40万人——20万女性——（去掉12岁以下50岁以上）还有10万——调查一下千人女性骑自行车比率（假设60%）——可能的市场容量为6万。对大致了解一个市场是很有帮助的。

站在未来，就是运用这些科学的方法，对影响市场供求变化的诸多因素进行调查研究，分析和预见其发展趋势，掌握市场供求变化的规律，为经营决策提供可靠的依据。这样可以减少决策的盲目性，减少未来的不确定性，降低决策可能遇到的风险，使决策目标得以顺利实现。

虽然我们不可能完全把握未来，但根据分析、经验和历史，很多时候能大致预估一个事物发生的大致概率，根据这种可能性，针对今天需要做什么，采取对应措施及制定清晰的目标，就能有效地应对未来，赢得未来。

活得久比赚得多更重要

为什么京东亏了这么多钱，亏了这么多年，还有人愿意给它投钱？刘强东为什么越来越强硬？

如果大家仔细研究，可以发现因为京东的现金流特别健康。一年2000亿元的营业额，一个月就有约200亿元，哪怕压供应商一个月的货款（京东好多店都是直营的，好多都是三个月结，甚至六个月结），一个月在京东的账户上就有 200 亿元。这 200 亿元的利息都不止这几亿元的亏损额，这还不算到资本市场套的钱。

即使京东现在的利润率不改变，还一直亏损，每个月几百亿元的现金流也够弥补京东好几年的亏损。如果京东再抛一点股票什么的，又能弥补几十年的亏损。何况当京东的规模起来后，其运营效率肯定会提高，运营利润率肯定会改善。

比如京东花 30 亿元去买一片地，然后建一个物流中心。这个 30 亿元就记录在当年的成本当中并逐年摊销，但实际上这片地是京东的资产，后面可以产生源源不断的现金流，未来可能会成为京东的商业地产项目，持续不断地升值。

这才是最高明的投资手段。所以这就是为什么京东越亏损，反而在股票市场上还越受欢迎的原因。

一个公司，只要现金流是健康的，哪怕账面亏损一点，也不是什么问题，企业照转。

我们想表达的观点是什么呢？

其实一门生意能不能成功，关键还是有没有健康的现金流。只要现金流健康，哪怕你负债再多也没关系，你照样活得风生水起的。你的利润率再高，但赚的都是欠债，现金流是负的，分分钟钟就会挂掉。这样的例子太多了。

现金流问题，说白了就是企业的生存问题，如果忽视它，企业死掉的可能性就特别高。但如果你足够重视它，懂得开源节流，懂得以现金流为中心来经营你的企业，你至少会比别人活得久一点。

其实经营企业，特别是在未来，不是比谁赚得多，而是比谁活得久！

1. 未来的企业家要懂得思考：如何活得久

对于中国企业来讲，基业常青或从优秀到卓越，这些问题不会因为我们的思考而提前来到，这属于重要但不紧急的事情。企业在不同的阶段，会面临不同的问题，高瞻远瞩与深思熟虑固然没错，但回避现实问题，不能直面现实，无疑也是一种逃避。

中国大多数企业面临着的关键问题是什么？什么是重要且紧急的问题？

是活下去，活得久，这是中国企业的硬道理。因为，只有活下去活得久，企业才会有基业长青的机会，才会有从优秀到卓越的成长轨迹。

活下去活得久不容易，许许多多的企业，甚至辉煌一时的企业如过眼烟云，或破产，或被并购。市场的竞争，需求的变化，内部的矛盾，战略的失误，都会使企业“出师未捷身先死”。造成企业短命的原因千差万别，但归结为一条，就是它们失去永续成长的内在动力源泉，丧失了抵御外在环境的免疫力。企业要活下去活得久，必须具备持续成长的动力。

企业持续成长的动力来源于其企业初心。

企业成长的动力不是天然形成的，也不取决于它目前和未来所能够掌握和调动的资源，因为资源总会枯竭的，只有可持续的和可传承的才会生生不息。在企业所有用的资源中，人才、技术、资本、产品等都会坏损、消减，以至消失，唯有其企业初心是可以传承的。只有可传承的才有生命力。

企业的初心必须为其员工所接受，企业文化必须得到信仰，否则形同虚设。

企业的初心源于创业者，是创业者对企业自身发展长期哲学思考的结果，是对企业成功经验和失败教训的总结。企业的初心能否被新一代企业家及员工所接受和接受的程度，将决定着初心能否延续和延续的时间。纵观国内外那些辉煌一时的短命企业，客观地讲，其创业者并不是庸才，许多人可以成为业中豪杰。其悲剧发生的更深刻原因在于，或者创业者没有形成自己的初心，或者其初心没有被员工所接受。

企业初心不是通过宣传和弘扬就会被员工所接受，需要机制的培育和牵引，企业一方面依照自己的初心创立有活力的机制，使初心得以落地和做实，有了传导机制；另一方面，企业内在的机制将企业初心进一步强化，化作员工自觉的行为。许多企业不是没有初心，而是其初心得不到机制与制度的支持，甚至两者背道而驰。所以在 200 多年前，美国的建国先贤们讨论的不是谁当总统，他们思考的是："我们能够创建什么样的程序，使国家在我们死后仍然能拥有很多优秀的总统？我们希望建立哪一种长治久安的国家？要靠什么原则建国？国家应该如何运作？我们应该制定什么指导方针和机制，以便创造我们梦想的国家？"

当然，这不是企业能够活得久的全部，但这是企业的起点。除此之外，企业还必须具有自己核心竞争力。而核心竞争力一方面是在内部竞争和外部竞争中产生的，另一方面企业初心是核心竞争力的源泉，企业初心培育和强化了核心竞争力，企业初心是核心竞争力的主要构成要素。

当一个企业找到了自己的初心，并为员工所接受，同时这个企业构建了核心价值观初心的传承机制，就会不断地提升核心竞争力，就会有活力，就具备了肌体的抗疫能力，就会有旺盛的生命力，因而也就具备持续成长的动力，就会活得更久。

2. 未来能够活得久的两种企业

前几年以来，在中国企业界"动手术"最大的公司可能莫过于海尔。张瑞敏先生把海尔 6 万多名员工拆分成 2000 多家小公司，号称"创客团队”，努力实现企业平台化、员工创客化、用户个性化。

很多媒体惊呼：海尔怎么了？为什么这么做？

张瑞敏的回答十分简单：为了在未来能够活下来！活得久！

海尔不改革就活不了吗？

这个问题也是多数人在问的问题。我们的观点跟张瑞敏先生完全一致：是的，不改革，就是死路一条。

原因在于，我们的市场环境变了，生存法则变了。海尔原来的打法已经失效了。

那么，海尔原来是什么样的打法呢？

多元化、品牌延伸。

海尔走的路是日本企业走的老路，把一个品牌延伸到所有的品类。这种做法，短时间会给企业带来一定的销售业绩，甚至带来一定的利润。然而，时间长了，会遇到至少两大麻烦：一是专家型品牌植入；二是自身品牌定位模糊。

海尔不太幸运，这些年它在这两点上都遇到了问题。首先，是以格力为代表的专家型品牌不断吞噬它的市场，海尔在很多品类上开始失利。其次，海尔品牌本身的定位也变得模糊，海尔到底代表什么品类？海尔到底代表什么样的价值？顾客都找不着头绪了。

市场是无情的，顾客对你的品牌找不着头绪的时候，就不找了，也就不会选择你的产品了，这正是海尔致命的问题。

因此，海尔再不改革，仍然保持原有的打法和原有的模式“耗”下去，再过三年可能就该破产了。

那么未来，到底哪些企业能够真正活得久？

我们的观点是：只有拥有一批专家型品牌的企业和强大的平台公司才能活下来。

专家型品牌，能够活下去的理由最简单，因为这是由顾客的选择决定的。随着品类的发展和顾客心智的不断成熟，专家型品牌和综合型品牌的较量会决出胜负，以“格力”为代表的专家型品牌一定会打败以“海尔”为代表的综合型品牌，继续引领一个品类向前发展。

剩下的企业，要么死掉，要么转型为平台公司，没有其他更好走的路子，这也是为什么海尔把自己改革为平台公司的原因所在。因为过去30年，海尔把成为专家型品牌的路子走成了死路，所以只能走第二条路。

不过话又说回来，能够把自己成功打造成平台公司的企业，应该是为数不多的。也就是说，不是你想成为平台公司就能成为平台公司的。

因此，未来将会死掉更多的企业，就算依靠国家政策或“给别人做加工”等特殊原因活下来的企业也基本上“生不如死”，成功路上永远不会人满为患！

案例分享

诺基亚到底是怎么死的

有位学院派的教授说，诺基亚的衰落是因为“组织畏惧”。我读了半天这篇文章，感觉这位教授还是没有说到关键。

诺基亚真正的死因，是被专家型品牌打死的。

20世纪90年代到这个世纪前10年，诺基亚一直是键盘手机的代名词，是一个名副其实的专家型品牌，曾经连年成为全球手机市场的销量冠军。

然而，智能手机的出现，苹果iPhone的出现却改变了它的命运。

当智能手机这个新品类刚刚问世的时候，诺基亚的策略跟柯达惊人一致，用原来的品牌延伸到这个新品类，这是它犯的第一个错误。

如果苹果推出 iPhone 3 的时候，诺基亚果断采用新品牌来做智能手机，结果有可能不一样。

不过，幸运的是，既然你犯了错误，上帝还是会再给你一次机会的。当时的诺基亚就面临着另外一次机会，即平台化转型。然而诺基亚仍然没能抓住。

当乔布斯开放 iOS（苹果公司开发的移动操作系统）系统，让全球 40 多万家手机软件商给他开发软件的时候，诺基亚在干什么？

当三星争前恐后地抓住安卓系统，不断开发新手机，吸引那些草根阶层的时候，诺基亚在干什么？

他们却固守塞班系统，自己开发软件，自己做地图、游戏等应用，这是它犯的第二个错误。

智能手机的灵魂是手机系统，是应用软件。自己做这些软件和让全世界的软件商给你做，完全是两个概念。走前一条路叫多元化，而走后一条路叫平台化。

一个本来不像智能手机的品牌，做一款基本不会更新软件的手机，谁还会死守你不放呢？

后来，他们意识到这个问题，伸手与微软合作，推出 WP 系统，推出了新一代的智能手机 LUMIA 系列，试图走平台化路线。

然而，这时候，诺基亚已经把手机市场全球老大的位置让出来给了三星，苹果也已经推出了 iPhone 4S，趋于成熟。为时过晚！

不过我认为，即便到了这个地步，诺基亚还是有机会的。因为这个时候三星犯的错误跟诺基亚惊人相似，也是用主品牌延伸到所有手机。虽然启用了“Galaxy”等副品牌，但三星的 Logo 仍然贴到所有手机上，“Galaxy”等名字只能代表一个品种，无法成为一个品牌。

再说，三星使用的安卓系统也不断显现出弊端，很多高端人士开始抱怨：安卓是低端的，不符合他们的身份。

正在这个时候，诺基亚带有强大商务功能的 WP 手机问世，是诺基亚翻身的绝好机会。

然而，诺基亚推出这款手机的时候，仍然难以割舍“NOKIA”这个品牌，跟以往有所不同的是，后面加了一个不疼不痒的副品牌“LUMIA”。

这还不算太糟，更糟糕的是，LUMIA 推出的时候，一口气就开发好几款机型，诸如 LUMIA900、LUMIA800、LUMIA520 等不同价位、不同形状的手机，试图讨好所有人，这是它犯的第三个错误。

上帝再仁慈也“事不过三”。竞争激烈而残酷的市场怎么可能处处都让着诺基亚呢？试图讨好所有人的 LUMIA 没撑多久就失败了。这也是诺基亚彻底销声匿迹的原因所在。

放眼中国，犯“诺基亚”式错误的企业比比皆是，多如牛毛，这是最让人揪心的。

大家都疯狂地延伸自己的品牌，沿着诺基亚走过的路，试图用一个品牌吃通天下，试图用一个品牌征服所有顾客。

在这一方面，目前最为明显的企业可能莫过于百度。

百度，当初给人最大的印象是“中文搜索引擎第一品牌”，按理说是典型的专家型品牌。然而，今天的百度却早已不是什么“搜索引擎”了，当你打开百度主页的时候发现，带有“百度”品牌的产品就有 100 多种。从此，百度也就变成一个“我为人人”“无所不能的”综合型品牌。

我认为，这正是隐藏的祸根！

BAT 里谁最牛？

百度、阿里巴巴、腾讯，到底谁最厉害？

很多人可能会选择腾讯。因为，这两年它的微信实在太火爆了。但是我们认为是阿里巴巴。

阿里巴巴集团旗下也有很多业务，数量可能不比百度少。然而，阿里巴巴跟百度不一样的是，多数品类都用了独立品牌。诸如品牌商店用“天猫”、手机支付用“支付宝”、C2C（个人对个人）电子商务用“淘宝”、地图业务用“高德”、理财业务用“蚂蚁金服”、物流业务用“菜鸟网络”，等等。

这些品牌大家都非常熟悉，而且都是名副其实的专家型品牌，即便争议缠身的“淘宝”也是名副其实的“能淘到便宜货”的专家型品牌。

因此，他们在“拥有一批专家型品牌”这条路上比百度走得好。这是他们未来能够继续活下去活得久的第一理由。

阿里巴巴未来能够活下去活得久的第二个理由就是“平台化”。它不仅拥有一批“专家型品牌”，更会做强大的平台。因为，阿里巴巴具备平台公司需要具备的所有要素。

一个平台公司要具备哪些要素？

我们把它总结为“四个海量”：海量客户、海量伙伴、海量资本和海量项目。缺一个都很难成为一个真正有实力的平台公司。这也是为什么不可能所有的企业都能做平台公司的原因所在。

阿里巴巴很幸运，它的多数业务都是平台化业务，都是整合海量客户、海量伙伴、海量资本以及海量项目的业务。因此，阿里巴巴未来的日子仍然会很好过。

海尔平台化，也是想实现这“四个海量”，即通过2000多家小公司的“生存比赛”诞生海量项目，然后由海尔集团负责筹集海量资本、整合海量伙伴并投资这些项目，从而吸引海量客户。

不过，他们这种转型能否成功，目前还不好说，我们只能祝福他们并拭目以待了。但是，从他们的这种转型中，我们至少可以学到一点：当你已经没有机会打造专家型品牌的时候，要赶紧转型做平台公司。

记住这句话，你的企业至少能多活 50 年。

在未来，一个真正强大的人，要么是专家，要么是领袖。其他人都将被淘汰或给这些人打工。

一个企业也一样，未来企业要想让自己强大起来，要么拥有一个或一批专家型品牌，要么把自己打造成平台，其他企业将被淘汰或给这些企业打工。

原因十分清晰，他们正在抹掉自己的“专家型品牌”，也没能打造出强大的“平台”。

未来的成功只属于专家型品牌和平台公司。要记住这句话，并善于落实这句话，我们相信你的企业至少能多活 50 年。

案例分享

洁净专家意迪尔的深耕之路

作为从事洁净系列相关产品研发、生产和销售的专业制造商，上海意迪尔科技通过一系列的专利申请及技术实力，向中国展示了新一代企业的应有风范和发展潜力。

（1）专注成就专业，深耕成就地位。

上海意迪尔科技股份有限公司原名上海意迪尔洁净系统工程有限公司，是中国本土最专业的洁净系统工程公司之一。主要从事制药用水系统的设计、安装和调试，洁净工艺管道工程的设计、施工，以及相关 FDA（食品药品监督管理局）、GMP（药品生产质量管理规范）认证的咨询服务。

上海意迪尔是国内较早通过 ISO 9001 认证的洁净系统工程公司，并获得压力管道 GC3 级安装资质，研发实力突出。一直致力于为洁净系统提供完美的解决方案，并引领中国洁净系统工程技术，在制药行业享有较高的地位和声誉。

(2) 专利申请，成为行业竞争壁垒，实现专家型领导品牌。

上海意迪尔在这几年获得多项产品专利，比如新型纯蒸汽取样器、U型双管板热交换器等。

举个例子，在该行业里，大部分企业都知道纯蒸汽取样器是用于检测纯蒸汽的质量，其检验标准是纯蒸汽冷凝水是否符合注射用水的标准。

而上海意迪尔研发的新型纯蒸汽取样器，采用氟利昂、溴化锂等液化和汽化温度较常温很接近的物质作为冷却介质，将原有的螺旋水冷式的冷凝管改为喷淋式的冷凝管，这样使冷却介质在喷淋式的冷凝管之中，由液态喷出，遇到冷凝管之中的高温纯蒸汽，液态的冷却介质立刻吸热汽化。这样液态与气态的转化，热交换效率更高。同时，可以省去传统纯蒸汽取样器的庞大的冷却水箱结构，使纯蒸汽取样器的体积更加小巧轻便。同时，还增设了小型压缩机，将吸热之后的冷却介质强行压缩成液体，并在其过程中放热。本实用新型蒸汽取样器可以长时间使用，不用担心冷却水箱中的水温过高而降低了对高温纯蒸汽的冷却效率。并且本实用新型蒸汽取样器体积小巧，方便移动，更能满足客户的需求。

而上海意迪尔研发的 U 型双管板热交换器更是采用了无菌化设计，彻底避免交叉污染，广泛应用于生物制药领域，例如物料配制、注射用水冷却、加热、制药用水灭菌灯场合。此 U 型双管板热交换器增设了壳程扰流装置，大大提高热交换器效率，降低产品的热交换器面积，缩短热交换器时间。采用双管板设计，使壳程、管程彻底分开保证无污染。热交换器内列管不存在死角，在常压排空时卫生侧液体可以完全排出热交换器；在运行时，卫生侧也不会存在气体，绝对不会存在热交换器内。结构合理避免了壳程、管程热胀冷缩导致的内部应力产生。

正是由于意迪尔这种强大的技术实力，让意迪尔成为了该行业的专家型领导品牌。

（3）左手技术，右手服务。

意迪尔不仅技术实力超强，为了让客户体验更好，意迪尔建立了专业的售前、售中和完善的售后服务系统，令客户赞不绝口。因为对于这样的产品来说，售后服务往往比售前更加重要。

从以下意迪尔售后服务的细则便可以看出他们的用心：

1）配有专业的售后服务部门。

2）定期对客户进行回访，建立追踪档案。

3）质保期内，由于设备本身质量问题，接到通知后，8 小时响应，了解情况，分析原因，并提供排故方案。

4）24 小时内到达买方现场，免费负责维修。

5）定期协助客户制定年度维护保养方案。

3. 总结

活得久和赚得多，哪个更重要？

拿我们中国宏观经济来举例，过去我们追求高增长，现在我们追求可持续。企业也是如此，活得久才是我们的终极目标。不可持续的增长必将带来死亡。

一个企业，是赚得多重要，还是活得久更重要？

有人找到我们问："我怎么样才能把我的企业做大赚多？"

我们问他："你为什么要做大赚多？"

他说："做大赚多，才能活得久。"

其实把中间的过程去掉，我们认为，一个企业最终的目标，其实是要活得久。你能活多久，这件事情才是最重要的。

可持续性其实是对所有企业最大的挑战。不是你的规模有多大，不是你赚了多少钱，而是你能不能持续地做下去。

再举个例子，为什么今天我们整个国家的经济增长方式要转型？因为过去我们一直追求的是高增长。但是走了三十年之后，发现这个高增长不可持续，所以我们必须要转型。

活得久比赚得多更重要，可持续才是一切的根本。

后记

做好起点，找准支点，赢在拐点，胜在顶点

相信中国的企业家都比较熟悉“温水煮青蛙”的原理。

当我们把青蛙放进煮得热气腾腾的开水之中，青蛙会因剧痛而奋力跳出。但是，当我们把青蛙放进常温的水中，然后慢慢地给水加热时，青蛙就会被活活地煮死。

温水煮青蛙让我们明白了：看不到差距是最大的差距，感受不到危机是最大的危机。贪图“温水”中的安逸更会让我们的视野变窄，眼界放低，思维放缓，对于外界的层出不穷的新事物、日新月异的新变化反应迟钝，甚至视而不见。如果长此以往，最后就会像那只青蛙一样，被煮熟、淘汰了，仍然不知道。

同时，启示我们企业在外部环境不断变化，特别是市场竞争越来越激烈的今天，中国企业如果还陶醉于以往传统的观念与模式，结果肯定会使自己陷入“水煮青蛙”的困境。

当今市场，瞬息万变。

以前，相信这句话的人可能不多；但现在，我们自己真正相信了什么叫“瞬息万变”，甚至用“变”来形容还不够，要用“颠覆”来形容才可以。

中国经济在经历30多年的快速增长之后，经济发展的基本模式、产业业态以及增长动力都已经今非昔比。中国经济基本面不仅发生了量的巨变，更是发生了质的飞跃，用过去的眼光看待中国经济、用过去的思维思考中国经济既不准确，也不现实。

特别是新常态的到来，令中国在各个方面“去旧迎新”。

互联网电商技术的流行和成熟也到了爆发的临界点。阿里巴巴“双十一”一天过“千亿元”天文数字的成交额，以及在美国的成功上市都是不敢想象的。前几年一直被“说三道四”的“80后”，现在已经变成社会的消费主力以及新经济的骨干人才。多少“80后”已经在互联网新经济领域崭露头角，展开了大逆袭。

如此的政治、经济、科技、生活消费结合在一起，产生了极大的叠加效应。传统市场及企业被颠覆了，消费模式和业务模式起了翻天覆地的变化，移动互联网的大流行彻底改变了我们的日常生活方式，甚至改变了我们的行为、思维和价值观。

这次的“新常态”为我们企业：

带来了新机遇，也带来了新挑战。

带来了新变化，也带来了新风险。

带来了新模式，也带来了新问题。

带来了新经济，也带来了新烦恼。

不过，面对新发展的新麻烦，总好过面对没发展的旧常态。当下我们企业要做的就是重新回到起点，练好内功，迎接新挑战，克服新风险，解决新问题，扫清新烦恼。

正如《双城记》中说的：“这是一个最好的时代，也是一个最坏的时代。”

对有思路有办法的人，“新常态”是一个最好的时代。

对没思路没办法的人，则反之。

对有信心有信念的人，“新经济”是一个最好的时机。

对没信心没信念的人，则是一个最坏的时刻。

在这个时代，我们企业必须要：

回到初心，做好起点，找准支点。

最终才能：

赢在拐点，胜在顶点。

让我们共同期待《起点》的下一部，《支点》。

它将会为您呈现更精彩的内容。

附录

加法国际股份有限公司简介

加法国际股份有限公司，简称加法国际，英文简称：Plus Law，是一家以企业法律服务为基础核心，为企业提供内部治理规范、股权架构设计、兼并收购策划、投融体系梳理、资本市场运作等多种专业化服务的集团公司。

加法国际以“信赖、共存、持久”为核心理念，致力于将全球先进的思想、方法及工具引进中国，并以专业的服务帮助企业成长。

为此，加法国际先后在中国香港、中国台湾、新加坡、美国等地展开研究合作，参与国际水平的专业实践探讨及研究，并结合中国地区的动态市场变化情况进行企业系统解决方案及多方面专业服务的深度开发。

【我们的业务】

加法国际目前旗下有三大业务板块，分别是：加法国际顾问事务所，加法国际俱乐部，加法资本。

我们服务的客户遍及各个行业。最重要的是，我们希望通过我们的努力，能够使客户公司整体绩效及健康状况都获得实实在在的进步。

当然，尽管我们以法律咨询业务为主，但如果历数我们的咨询项目，您会发现，法律咨询仅占我们工作量的30%。这意味着，我们将更多时间花在了更广阔的议题上。

除法律咨询外，我们还帮助客户完成以下工作：重新设计组织结构，以提高绩效；改进运营流程；提升产品营销水平；实现并购后的整合；加强风险管理；控制成本支出；精简供应链以及提升服务价值等。

在服务项目中，我们往往能提供独到观点及真知灼见，这也是我们为客户服务的特色。这些真知灼见的背后，是我们每年对研究项目进行巨额投资的成果。

过去的十几年间，我们已在整个大中华区 15 个不同的行业完成了 1200 多个咨询服务项目。

在国内外众多协作机构的共同努力下，我们还吸引了国内外众多专业媒体的关注。加法国际的客户囊括了世界 500 强企业的公司及国内知名企业，我们的服务赢得了这些公司的认可，并且通过专业化的服务帮助这些企业得到了明显的提升。未来，我们将坚持继续为帮助企业成长而努力奋斗。

【我们是谁】

加法国际是新一代以法律服务咨询为起点而发展起来的多元化集团公司，由五位创始合伙人共同发起，80 多位高级合伙人加盟，200 多位专业咨询师，还有 100 多位研究员及 20 多位专业人员辅助。

5	80 +	200 +	100 +
创始合伙人 专注【法律 + N】项目	高级合伙人 遍布全国	咨询师 参与执行	研究员 专注中国本土

【我们为谁服务】

我们在全球范围内提供咨询业务的客户包括了最知名的企业及机构，

占据《财富》杂志全球500强公司排行榜的30%，该数据还在不断增加。我们的客户遍及15个行业，还包括国家级、地区级及省市级的政府及机构。客户构成包括：

15%国有企业	45%私营企业	30%跨国企业	10%政府及营利机构

【联系我们】

加法国际网站：www. pluslaw. org

■ 昨天，加法国际对您而言也许只是一个陌生的名词。

■ 今天，加法国际必定成为您最真诚的合作伙伴。

■ 明天，加法国际将会是您值得信赖的资深顾问服务机构。